CB079374

DESNATURADA

cultura & natureza

2022

Organização: Ailton Krenak e Fabiano Piúba

1ª edição

São Paulo
2025

Copyright ® 2025 Ailton Krenak e Fabiano Piúba
Todos os direitos reservados à Editora Jandaíra e protegidos pela Lei 9.610, de 19.2.1998. É proibida a reprodução total ou parcial sem a expressa anuência da editora.

Grafia atualizada segundo o Acordo Ortográfico da Língua Portuguesa de 1990, que entrou em vigor no Brasil em 2009.

Impresso no Brasil / Printed in Brazil
Efetuado depósito legal na Biblioteca Nacional

Organização Editorial
Ailton Krenak e Fabiano Piúba

Supervisão Editorial
Ronaldo Queiroz Lima
Ivna Girão
Lizandra Magon de Almeida

Revisão Textual
Ariane Queiroz

Produção Executiva
Nádia Sousa

Projeto Gráfico e Ilustrações
Carlos Weibs

Dados Internacionais de Catalogação na Publicação (CIP)
(Câmara Brasileira do Livro, SP, Brasil)

Desnaturada : cultura & natureza / organização
Ailton Krenak, Fabiano Piúba. -- 1. ed. --
São Paulo : Editora Jandaíra, 2025.

Vários autores. Bibliografia.
ISBN 978-65-5094-157-4

1. Crise ambiental 2. Meio ambiente 3. Mudanças climáticas 4. Sustentabilidade ambiental I. Krenak, Ailton. II. Piúba, Fabiano.

25-258663 CDD 304-2

1. Sustentabilidade ambiental 304.2

Aline Graziele Benitez - Bibliotecária - CRB-1/3129

jandaíra

editorajandaira.com.br
Editora Jandaíra
editorajandaira

SUMÁRIO

APRESENTAÇÃO

Ailton Krenak e Fabiano Piúba

O seminário[1] "Desnaturada" começou a ser pensado antes da pandemia de Covid-19, que teve início em 2020. Sempre que nos reuníamos, em geral aos sábados, uma nova experiência começava a ser gestada. Quando por fim chegamos à ideia de "Desnaturada", com ela veio a lembrança de uma canção do Gilberto Gil (1984), *A raça humana*, que diz: "A raça humana é a ferida acesa/Uma beleza, uma podridão/O fogo eterno e a morte/A morte e a ressurreição...". Porque essa canção — que fala da raça humana como morte e também como ressurreição — nos dá a ideia de que a esperança que resta, talvez, esteja em nós também. Somos seres e somos também natureza.

"Desnaturada" não é, portanto, um debate que quer refletir, mais uma vez, sobre a modernidade. É uma discussão sobre o grave risco e a possibilidade cada vez mais real de sermos expulsos do corpo da Terra — por incompatibilidade.

Toda vez que uma pandemia com a de Covid-19 acontece, é como se estivéssemos experimentando uma morte coletiva. Nós precisamos sair dessa armadilha e para isso reunimos cientistas como o Dr. Fábio Rúbio Scarano; o neurocientista e biólogo Dr. Sidarta Tollendal Gomes Ribeiro; a bióloga Dra. Nurit Bensusan, cujos estudos, há mais de trinta anos, têm como tema as mudanças climáticas. Todos eles estão diretamente ligados aos estudos físicos, geofísicos, do organismo vivo da Terra atualmente.

São pessoas sabedoras de que nós estamos diante de uma crise tamanha a ponto de podermos mesmo ser extintos como espécie.

Ao mesmo tempo, também ouvimos experiências ancestrais capazes, em potencial, de nos guiar para fora da armadilha da modernidade. Nesse sentido, Mateus Tremembé, Marina Araújo, Marcos Colón, Valéria Carvalho, Verônica Carvalho, Sandra Petit, Ronaldo de Queiroz Lima e Leonardo Soares Rodrigues oferecem suas colaborações para nos religarmos à Mãe Terra a partir de diferentes pontos de vista.

Manuel de Barros tem um poema que diz que todo passarinho é mais importante do que uma bomba atômica. No entanto, nossa ideia básica de progresso coloca uma relação de primazia da cultura sobre a natureza, com a ciência e a tecnologia voltadas para o que vem depois. Só que a História já demonstra que é justamente essa ideia que está destruindo não só as almas da Mãe Terra, mas as nossas almas também.

O livro *Desnaturada* é um registro dessa busca, do desejo de pensar e de sentir a conexão dos filhos e das filhas desnaturadas que precisam se perceber e sentir que somos Natureza. Não são apenas ensaios de intelectuais e cientistas — tratam de uma denúncia grave e urgente. A primeira edição dessa discussão foi realizada em Fortaleza em 2022 com o apoio da Secretaria de Cultura do Ceará, e agora o livro volta a ser editado com o apoio da Fundação Itaú e da Editora Jandaíra para a edição 2025 do seminário, que acontece em Vitória, Espírito Santo.

Em *Ideias para adiar o fim do mundo*, Ailton Krenak (2019) afirma que é uma extração de gente que é capaz de cantar, de dançar, de contar história, de fazer chover que vai adiar o fim do mundo. Então, que este livro possa ser chuva, possa ser canto, possa ser dança e que as leitoras e os leitores possam sair dessa travessia mais nutridos e assim também cultivar com os tempos da Mãe Natureza e com os tempos da cultura.

Boa leitura!

---

[1] Ver: https://www.youtube.com/watch?v=NpumLONR55Q&t=3284s
https://www.youtube.com/watch?v=8YQfDPqRDbM&t=506s
https://www.youtube.com/watch?v=BXNPIHH_gNI&t=12274s.
Acesso em 28 de abril de 2025

SONHAR A TERRA

Ailton Krenak

Estamos juntos aqui nessa experiência de formar uma constelação de pessoas embaladas pela poética, que por algum momento nos põe a todos nesse lugar do sonho, nos tirando da rotina e criando uma camada de isolamento da nossa sensível percepção de estar vivo.

Quando somos capazes de experimentar de novo essa espécie de contato com a teia da vida na sua expressão de maravilhamento, nós tangenciamos esse lugar do sonho.

Eu me lembro de quando fui visitar o Grand Canyon. Foi uma visita patrocinada pela Fundação Getúlio Vargas (FGV) para algumas pessoas indígenas do Alto Rio Negro, da fronteira do Brasil com a Colômbia, do Solimões e também para os Xavante, do Mato Grosso. Eu estava nessa turma e visitamos a experiência escolar nas terras indígenas dos Navajo, ao sul dos Estados Unidos da América. Eu gostei muito de saber que os Navajo contam que eles foram sonhados e que o mundo deles é um sonho.

Eu achei maravilhosa essa possibilidade de alguns de nós, algumas dessas humanidades, se conceberem a partir de um sonho.

É claro, a gente vive a narrativa do Ocidente que diz termos sido criados do barro da terra. Nós fomos moldados, soprados por uma divindade e soltos por aí, nessa nossa diversidade toda. Todos nós fomos plasmados numa narrativa criacionista. O mundo foi criado. Entretanto, os Navajo e outros povos nativos têm histórias de terem sido sonhados. Isso pode sugerir inclusive que a própria experiência da vida, essa experiência que a gente chama de realidade, se dá porque compartilhamos uma conversão. Por exemplo, que hoje é sexta-feira, que ontem foi quinta, que este ano é o ano tal e o ano que vem é o futuro.

Eu tenho dito para as pessoas que o futuro é uma invenção. Já até escrevi e publiquei livrinhos falando que o futuro é uma invenção ou uma convenção. A gente concorda que existe um futuro, mas uma ideia prospectiva, de um futuro como uma flecha indo em direção a alguma coisa, é um futurismo inventado. O que existe é a nossa experiência agora, neste momento, e o que sonharmos daqui a pouco é uma possibilidade que nós criamos. Ela não está determinada. Então, a ideia de futuro que existe para a gente ir lá feito um shopping, isso é uma ficção capitalista.

Povos que vivem fora desse fluxo consumista da vida experimentam uma relação com o tempo muito diferente dessa flecha. Alguém vai dizer que é um tempo espiralado, que é um tempo circular, que são tempos que não obedecem a lógica cartesiana. Sonho é uma coisa que exatamente acontece num outro lugar, que não cabe nessa configuração de espaço--tempo que lidamos no cotidiano.

Nas minhas conversas com o [neurocientista] Sidarta Ribeiro, eu sempre o provoco por algum contato com as cosmovisões, com as narrativas de povos que vivem o sonho como um campo de experimentação direta. O sonho é um lugar de estado. Não é alguma coisa que você intui. Não é uma sensação que você teve quando cochilou, dormiu e teve um sonho. Não é essa experiência tão comum. Não estamos falando daquela dormida em que você sonha com a rotina, com as coisas que já fez, com as suas implicações, com o seu cotidiano e com o seu entorno. Não falamos de um sonho superficial. Tem gente que treina para sonhar, entra no sonho com um propósito e busca-o.

A Terra, em muitos termos, sonha com essa humanidade, sonha com a nossa existência. Nós sonhamos a Terra. Essa experiência sensível de sonhar a Terra pode ser um dos recursos que, no tempo de distúrbio, de ruptura, nós, como humanidade, como espécie, estamos vivendo e pode nos socorrer diante da incapacidade daquilo que chamamos de Ciência em religar a nós, humanos, com o organismo vivo da Terra. A Terra como organismo vivo tem humor e, como diz o nosso querido Antônio Donato Nobre, a Terra ativa de maneira amorosa todos os fluxos do que nós entendemos como vida.

Então, Gaia, esse organismo sensível, ativa sentidos de amor incondicional, que é um termo maravilhoso e deixa qualquer um incomodado. Porque eles pensam: "Como é que um cientista pode dizer que uma estrutura geofísica fantástica vai expressar alguma coisa que vai ter o nome de amor?" O Antônio diz que é um amor incondicional. A Terra sonha, sim, e sonha com uma possibilidade, talvez, de transformação desses corpos que constituem essa humanidade. Ela nos sonha nos termos dela, da Terra, não nos nossos termos humanos. Acreditar que existe esse fluxo de amor entre nós, humanos, e o organismo da Terra é o que me anima a continuar pensando, circulando, encontrando outras pessoas, biólogos, botânicos, cientistas de várias latitudes e os pajés, meus amigos, que estão sempre confirmando para mim que a Terra sonha e que algum de nós somos sonhos da Terra.

Os Xavante vivem na serra do Roncador, lá para o lado do rio Xingu, depois do rio das Mortes, atravessando Xavantina. É o território desse povo milenar, os nossos parentes Xavante, com quem eu tive a alegria de compartilhar algumas experiências, histórias, e de conhecer pessoas anciãs que viveram a experiência livre na Natureza, sem contato com os brancos. Eles chamam os não xavantes de Warazu. Warazu é um termo para se referir a todo mundo que não são eles, inclusive os outros indígenas que vivem uma comunhão mais estreita com a cultura dos brancos, a dieta alimentar e todas essas coisas.

Os mais velhos dizem que, quando a gente ingere comidas com sal, com tempero, com açúcar, essas drogas todas, é uma grosseria que entra no sonho. O treinamento para sonhar inclui uma dieta alimentar com uma série de outros interditos. Coisas que você não pode fazer para você poder sonhar. A pessoa que é um mestre, um professor, que vai orientar um grupo de jovens, treinar um grupo de jovens para sonhar, tem um status dentro daquela sociedade, que tem o nome de umãritidewa, que é aquele brinco de madeira que os Xavante usam no lóbulo da orelha.

Quase todo mundo gosta de pendurar alguma coisa na orelha. Os jovens todos já põem brinco de madeira, de osso, na orelha, mas isso é adorno, é enfeite. Aquele umãri, aquela madeirinha, é uma determinada madeirinha tirada de um pau lá do Cerrado que não é qualquer um. É uma madeira específica que o sujeito usa na orelha e que funciona, simpaticamente, como uma antena para sonhar. O meu professor falou comigo: isso é uma antena. Eu achei que esse foi um recurso didático para explicar para um burro o que era aquilo, porque, se eu tivesse acesso ao sofisticado conhecimento dele, ele não falaria que aquilo era uma anteninha.

Nós estamos viciados em tela, no celular, nesses aparelhinhos. Quando a gente quer dizer alguma coisa para alguém, a gente usa essas terminologias, usa referências a essas coisas que estão impregnando a nossa relação com o mundo. E como nós habitamos uma complexa sociedade, na qual usamos antena para o espaço, antena para o rádio, antena para a televisão, antena para essa coisa toda, aquele homem que viveu antes do contato com os brancos entendeu que, se falar com este camarada que umãri é uma antena, vai-se entender tudo. Então, entendi.

Pois bem, a madeirinha é branca. Mas, um dia, eu vi um sujeito que tinha um pauzinho daquele que é preto. Eu falei: esse sujeito é estranho, é diferente dos outros. Perguntei: por que esse cara usa um pauzinho preto? Meu professor falou: ele é o instrutor, o professor da turma toda. Ele recolhe esses jovens de doze, quatorze, quinze anos, por grupos de idade, leva-os para o Cerrado, abre uma clareira, igual a uma maloca, põe essa meninada presa lá dentro e deixa eles sem comer. Levam uma turma de guerreiros para vigiar. Não os deixam dormir. Apavoram-nos. Assustam--nos de madrugada, simulam um ataque, fazem eles saírem correndo dali, obrigam-nos a pular na água de madrugada, tiram-nos da água, voltam para a clareira, são chacoalhados e largados sem comida.

Depois, há o início dos cantos e os treinamentos para eles começarem a experimentar outra sensibilidade, para eles entrarem noutro lugar que é o de treinar para receber sonho. Quer dizer, tem uma chacoalhada nesse aparato físico, nesse corpo preguiçoso, cheio de vício alimentício, para ele virar uma antena, aqui na Terra, de sensíveis imagens e comunicações, que não são só da Terra, que são do cosmo. É a possibilidade de esse corpo estar com a mesma comunicação sensível com a Terra, sonhando por dentro dela, para fora, em todas as direções. É nesse lugar que as pessoas vão formar os pajés, os curandeiros, aquelas pessoas que dizem: vocês querem que chova agora? Então, faz-se chuva.

A gente já testou, já conviveu, já se alimentou. Essa qualidade de humanos que fazem chover, que conseguem treinar seus filhos para sonhar, que têm essa habilidade e que cultivam esse conhecimento são pessoas muito importantes. Porque não param de cultivar o sonho, de ensinar às novas gerações a sonhar. Como a gente vive numa sociedade muito acelerada, como o David Kopenawa diz, esta sociedade da mercadoria não tem tempo para sonhar. Então, às vezes as pessoas falam: "É, mas eu escuto os outros dizendo que sonham, mas eu não sonho". Então, mas você também não para de fazer coisa. Para, fica quieto. Eu fiquei uma semana num lugar lá, num sítio, pensei que eu ia sonhar e não sonhei. Uma semana?

Quando nós, os humanos, éramos uma espécie ainda lá nos primórdios, quando a gente era caçador, coletor, vivia nas cavernas e se escondia para um tigre não comer a gente, enquanto a gente dormia e inventava várias maneiras de sobreviver, como diz Sidarta Ribeiro, o sonho era uma atividade intensa, como uma maneira de ficar vivo. Então, havia esse poder de sonhar e, no meio dos dotados dessa faculdade, havia alguns especialistas. Isso tem a ver com aquelas imagens que a gente vê das cavernas, nas quais há pessoas desenhando a atividade de caça, tentando matar um bicho, apontando qualquer outra manobra para enfrentar uma fera numa situação totalmente imprevisível, em que essa experiência de estar vivo é só um instante.

Ninguém tinha certeza de que ia ficar vivo no dia seguinte. Essa folga, esse relaxamento que a humanidade vive hoje, advém da certeza de que pode enfiar todo mundo numa cidade e que vinte milhões de pessoas vão conseguir comer, beber, dormir. Essas metrópoles com milhões de pessoas empilhadas umas em cima das outras, comendo, bebendo e dormindo, são uma ameba gigante que já parou de sonhar e que fica só se reproduzindo. E a fúria reprodutiva do Sapiens é a maior bomba que a gente tem no organismo do planeta. Estamos embalados nessa sem pensar.

Os nossos ancestrais mais remotos, a cada dia que despertavam e corriam, ou fugindo de algum bicho ou atrás de algum bicho, viviam um dia. Quando, finalmente, conseguiam se esconder em algum lugar e dormir, descansavam uma noite. E depois, um dia, e depois, uma noite. O futuro é como você achar que você não vai morrer, que um tigre não vai te pegar. Não tem mais tigre, não tem mais onça, não tem mais ameaça. Daquela floresta não vai sair mais nada porque também não tem floresta. A gente já comeu a floresta.

Então, essa fúria de sair comendo as outras vidas, os outros desejos, os desejos dos outros é para ficar sozinho e sem sonhar. Quando o nosso pessoal lá atrás descobriu que podia pegar outras vidas e botar a serviço de si, aumentando a sua vida, ele estava experimentando essa coisa de sermos mortos-vivos. Ele pôde comer a vida do outro, consumir o outro. Para além da ideia social da escravidão, a gente já tinha a nossa ferocidade de sugar o outro. Não é só pegar ele e colocar para trabalhar para a gente, nós queríamos sugar. É terrível que essa capacidade humana tenha sido tão burilada a ponto de ter sido concebida a ideia da escravidão. Eu posso pegar outro igual a mim e escravizar ele, sugar ele. Não importa que cor ele tenha.

Aqui na nossa experiência colonial na América, a gente quase que relaciona a ideia direta de escravidão com a escravidão moderna, que significou tirar povos da África e escravizá-los por racismo. Mas, antes, os gregos também escravizavam. Não escravizaram pessoas de outra cor não, escravizaram gente da cor deles. Roma era cheia de escravos, branquinhos, iguaizinhos aos donos deles. Era muito difícil saber quem era o escravo e quem era o dono. Você só sabia por que um mandava e o outro obedecia. Depois, a gente transferiu isso para as nossas relações no mundo do trabalho, onde se sabe muito bem quem é que manda e quem é que obedece. Os que têm grana mandam e nós obedecemos.

Os humanos estão devorando o planeta, sem distinção. É a espécie. Da mesma maneira que, se a gente tivesse que considerar um vírus, não perguntaríamos qual é a cepa daquele vírus que está ferrando a vida. A gente vive uma experiência recente, global, de um vírus que está matando gente no planeta. Todo mundo ficou morrendo de medo de morrer. Então, não adianta você dizer agora é a segunda onda, agora é outra cepa do bicho.

Não adianta você dizer que tem uma cepa da humanidade que é boa e uma cepa da humanidade que é ruinzinha. A espécie é ruim.

Eu disse que o Homo Sapiens deu metástase. A primeira vez que eu disse isso durante a pandemia, os biólogos, os meus amigos gentis, todos falaram: nossa, como você fala um negócio desse? Nós estamos no meio de uma pandemia, tem muita gente morrendo e você vem falar que no Sapiens deu metástase? Deu o quê, então? O que ele tá fazendo que não seja isso?

Essa absurda capacidade de comer o mundo, incessante, ela não é de uma única classe, ela não é só de quem tem grana. Quem tem grana come cinco vezes mais o planeta. Tem aquela conta que diz que, no mês de maio, no final de maio, a humanidade, em geral, já comeu um planeta. Não, mas o pessoal dos Estados Unidos comeu mais rápido do que o pessoal de Gana, por exemplo, ou da Costa Rica. Claro, o pessoal da Costa Rica comeu só um pouquinho, mas eles comeram.

Lembro-me daquela história do carneirinho. Tinha um caminho em que passava um riacho e o lobo gostava de beber água por ali. Um dia, o lobo viu que tinha alguém bagunçando a cabeceira, a nascente do riacho. O lobo foi lá. Havia um carneirinho, lindo, novinho, e o lobo pulou em cima do carneirinho. E o carneirinho: seu lobo, o que é isso? O lobo: não, você é quem anda sujando a minha água. E o carneirinho: não, eu sou um carneirinho jovem, olha para mim, eu nunca mexi nisso. O lobo virou e disse: então foi o seu pai. E o carneirinho: não, mas o meu pai não passou por aqui. E o lobo: então, foi seu avô! E comeu o carneirinho. O negócio é o seguinte, a espécie, o Sapiens, está comendo o planeta. De que adianta perguntar qual deles? O Sapiens pobre? O Sapiens rico? O Sapiens pobre só não comeu o planeta porque não teve chance. Não é uma questão de luta de classe, é a espécie Sapiens que come o planeta.

Eu fiquei muito esperançoso quando vi a recente mudança na fala do companheiro Lula. Quando ele voltou da COP 27, disse que o Brasil vai imprimir outra matriz econômica que não é do agronegócio, que é da floresta. A nossa prioridade passou a ser a floresta, mas, há três meses, ele falava que todo mundo ia comer picanha e cerveja. Então, há esperança.

As pessoas não precisam só comer picanha e cerveja. Assim que se come o mundo, é picanha e cerveja para todos. Imagina oito bilhões de pessoas comendo picanha e cerveja. A gente come o planeta inteiro em três meses. Todos os compromissos de vocês vão se encerrar daqui a três meses? Não é um problema de luta de classes, é um problema de espécie. A espécie deu metástase.

Tem um amigo meu que é antropólogo, que a gente chama de Txai hay Terry. Ele é do Acre e circula no meio dos nossos parentes Huni Kuin, Yawanawa. O Zé Chilica andou fazendo identificação de terra, demarcando terra junto com os nossos parentes ali da região do Gaara Juruá, do vale do rio Tabaoticá, do rio Purus, por isso ele conhece os povos que vivem ali. Eu encontrei o Txai hay Terry certa vez em Rio Branco (AC). Ele estava numa decadência terrível, falou comigo sobre não conseguir sonhar mais. Então, recomendei que fosse visitar os parentes na aldeia. Ele foi visitar os parentes, comeu carne de caça: porco do mato, macaco, anta. Encontramo-nos novamente e ele me disse: "Nossa, rapaz, eu estou sonhando tanto agora que você não acredita. Sonhando, sonhando. Disparou o meu sonho. Você falou comigo para parar de comer porco, galinha, coisa de mercado. Eu fui para o mato, comi caça e agora estou sonhando de novo". Então, essa é uma evidência de que se aprende a sonhar comendo caça.

Eu já disse que sustentabilidade é um mito corporativo, foi criado pelas corporações. Quando eu falei isso, eu arrumei inimizade com um monte de gerente. Que bom! Tudo quanto é gerente de empresas, eu conheci alguns, inclusive de empresas que merecem o apelido de corporação, que são as do setor de celulose. Eles plantam eucalipto, derrubam em três, quatro anos, daí extraem a celulose. Colocaram o Brasil no ranking de maior exportador de celulose do planeta. A gente estava devastando o nosso território, acabando com a água, acabando com tudo, para vender celulose. Os meus amigos que eram do conselho de sustentabilidade dessa corporação ficaram chateados comigo, porque eu falei que sustentabilidade é uma invenção das corporações para continuar nos enrolando.

Eu recebi um artigo muito esperto dizendo que essa coisa estava melhorando e mostrava como é que era o esquema de melhorar. Eu mandei o artigo para o Fábio e ele falou: "Não, isso é um puxadinho, é um puxadinho do capitalismo". Eles veem que estão ferrando o planeta inteiro, então fazem um puxadinho. A ideia de sustentabilidade é um puxadinho do capitalismo. A gente sabe que não vai ter picanha e cerveja para todo

mundo, mas a gente arruma um jeito de ter espetinho. Essa é a narrativa da sustentabilidade.

Como é que você vai ser capaz de oferecer algo sustentável além da argumentação dos sistemas fechados que gente como os economistas fazem? Os economistas pegam um sistema fechado, definem tudo o que vai acontecer dentro daquele sistema e fazem com que seja sustentável. Daí, vem um contador e diz que o orçamento daquela coisa é sustentável. E vem um sujeito que vai dizer: a gente planejou um tipo de desenvolvimento para aquela região ali que é sustentável. Mas é para aquela região. Aquela região ali está fechada naquele esquema. Dentro de um sistema fechado, você pode produzir sustentabilidade. Só que a Terra não é um sistema fechado. A Terra é sistêmica. Se você polui os oceanos, afeta a terra. Se estraga a terra, afeta os oceanos, a atmosfera, o planeta.

Um dia, lá nos anos 1980, o Davi Yanomami, que é sempre muito genial, falou comigo assim: "Amigo, os brancos estão queimando o peito do céu". Aquela imagem dos brancos queimando o peito do céu me deixou muito impressionado e, quando teve a conferência do Rio de Janeiro, em 1992, eles disseram que nós estávamos fazendo um furo na camada de ozônio. Então, quer dizer que estavam furando a camada sensível que protege a atmosfera do planeta Terra, expondo a nossa vida aos raios do sol que nós não somos capazes de suportar. A gente começou a produzir o aquecimento global. Esse que está derretendo as geleiras, matando gente no asfalto. Na Europa, no verão, pessoas morrerão de calor naquelas piscinas, na Alemanha. Eu não tenho a menor dúvida. Eu não preciso ser um profeta para dizer, basta ter um pouco de previsão.

Bom, a experiência do sonhar não é aquela ideia do esperançar[1]. Não vamos achar que sonhar é sinônimo de esperançar. Sonhar é uma prática, não é uma subjetividade. Não tem nada a ver com isso. Então, mesmo que o tempo que nós estejamos compartilhando seja uma distopia apavorante, não será por isso que a gente vai deixar de sonhar. Como Sidarta Ribeiro diz, essa situação pode inclusive simular aquela noção de um caçador ou de um sujeito que está se sentindo tão apavorado, tão assolado, que ele vai sonhar sim e fora da linha desse tempo. A linha desse tempo não tem o poder de submeter a nossa capacidade de sonhar, entendendo, inclusive, que o sonho não é só dos humanos. Quem fica subordinado a isso são os humanos, os outros seres, não. Então, a gente tem que sair desse lugar tão exclusivamente humano.

O Sidarta falou de uma medida de tempo muito interessante. Trezentos mil anos, cem mil anos. Sobre a nossa experiência compartilhada de humanidade, quando nós estávamos em outra Era. No entanto, este mundo em que a mãe é mutilada, ele é do patriarcado, é óbvio. Mas eu queria lembrar que aqui no continente americano existiu uma coisa chamada matriarcado, e aqui foi o matriarcado de Pindorama. No matriarcado de Pindorama, quem manda é a mãe.

A gente precisa se debruçar sobre a nossa história também, do continente americano. Aprende-se muitas histórias dos europeus, dos brancos. Aprendam um pouco da história dos seus povos antigos daqui e vocês vão saber que o patriarcado veio, junto com a colonialidade, invadir o nosso mundo. Quando os brancos chegaram aqui, eles invadiram o matriarcado de Pindorama, não tenha dúvida. Há boa literatura que alguns autores têm publicado sobre o tema. Por exemplo, o livro do meu amigo Valter Hugo Mãe, cujo nome é "Doenças do Brasil". E outros, e outros. Há também aquela nossa querida que escreveu sobre a formação de povos na Bacia Amazônica, onde os governos são matriarcados.

Por que a gente acha que a história do Brasil começou com os portugueses chegando aqui? A história do continente americano não começou com a chegada dos brancos aqui. Há dois, três mil anos muitas sociedades complexas habitavam este continente. Teve um império chamado Taiassuí e não era patriarcado. Lá na região do Tapajós, mil e tantos anos atrás, havia comunidades humanas complexas, as quais viviam em lugares parecidos com as cidades que eles chamavam de hiperaldeia. Quer dizer, era uma aldeia tão grande que não era uma cidade, mas não era mais uma aldeia. E as pessoas viveram lá sem patriarcado. São matriarcados.

Há várias matrizes de outras governanças do mundo que não são esse patriarcado manjado que veio da Europa para cá. É importante conhecer a nossa história. Mãe para mim é o sentido mais radical da criação. Por isso que eu falo que a Terra é mãe. Eu não estou fazendo uma analogia com as mães humanas. As mães humanas são crias da Mãe Terra. É essa a poética. O que tem de mãe humana é cria da Mãe Terra. Não tem problema nenhum. Agora, se numa sociedade as mulheres são socadas, picadas, picotadas e encaixotadas, não tem diferença nenhuma do que se faz com a Terra. Quando você derruba uma montanha, coloca num trem, manda para algum lugar e depois recebe de volta na forma de bagulhos industrializados, está empacotando a Mãe do mesmo jeito.

A questão é: qual mãe você quer empacotar? Se é a mãe humana ou é a Mãe Terra. As duas estão, como diz aquela canção, parecendo a "carne mais barata do mercado"[2]. Comer a Terra é comer as nossas próprias mães.

---

[1] Paulo Freire (1992), Pedagogia da Esperança.

[2] Elza Soares (2002), A carne.

A TERRA E OS SONHOS

Sidarta Ribeiro

A concepção de que somos sonhados surgiu em muitos lugares diferentes. Ela surgiu nos Navajo, surgiu no povo Arrernte na Austrália, que, inclusive, tem uma relação com o sonho como mais real do que o "aqui". Lembro-me da própria ideia, lá no hinduísmo, do universo ser um sonho de Vishnu. Então, tudo isso daqui é uma simulação, de certa maneira, de um aspecto de uma mente divina. E, o que é muito claro, falando como um biólogo que estuda sono e sonho, é que estamos numa crise sem tamanho de sono ruim e sonho pior ainda.

Quando a gente dorme mal e sonha mal, as consequências metabólicas, hormonais, emocionais, cognitivas e sociais, são gigantescas. Por exemplo, já se demonstrou que, quando se perde uma noite de sono, a distância física entre as pessoas cresce, aquilo que você considera uma distância confortável com outra pessoa. Então, literalmente, ficar sem dormir afasta as pessoas. Especificamente, no caso do sonho, que é um aspecto muito sofisticado do sono, a gente fica sem enxergar a saída, e é isso que está acontecendo. O planeta tem pouco tempo para encontrar saídas e há uma falta de imaginação gigantesca. As pessoas estão insistindo em mais do mesmo, naquilo que o Kopenawa chama de doença da mercadoria, que é uma grande ilusão, a busca por plenitude onde não há plenitude alguma.

O que existe é a insaciabilidade do desejo. Assim que é alcançado, a pessoa transporta o desejo para outro lugar. E essa plenitude da satisfação do desejo, de nem ter desejo, é o que está cada vez mais esquecida e correndo um risco muito grande. As telas estão afetando todos no mundo, causando dependência; busca-se algum tipo de satisfação numa atividade que, na verdade, também tem essa marca da insaciabilidade.

O sonho tem a ver com a nossa sobrevivência. A gente vive num mundo que transmite para as pessoas a sensação falsa de que elas estão seguras e de que está tudo bem. Está tudo mal, mas elas ficam achando que está tudo bem. Inclusive, elas esquecem que vão morrer, porque passam um tempão sem falar nisso. E esse processo de negação vai tirando a gente de uma zona de desconforto que é precisar sobreviver. Muito do que está acontecendo na nossa sociedade tem a ver com a nossa desconexão com a Natureza. Tudo pode acontecer o tempo todo, nada é garantido. A onça pode ser predada também. O jaguar de vez em quando se dá mal. E a gente passa a viver em sociedade como se isso não fosse verdade. Sobretudo, quem tem mais bens materiais. Quem está vivendo na pobreza não está muito mais próximo dessa realidade dura. Aliás, esse é um estudo que não foi feito ainda direito, sobre a comparação de conteúdo onírico por recorte de classe social. A gente sabe muito pouco sobre os sonhos da população de rua, muito pouco sobre os sonhos dos presidiários. Provavelmente, são sonhos muito mais interessantes do que os sonhos de quem acha que está tudo bem e está vivendo a sua vida normalmente.

Em "A queda do céu"[1], Davi Kopenawa fala que os brancos não conseguem sonhar e, quando sonham, sonham com o próprio umbigo, com suas mercadorias, com seus probleminhas, suas coisas comezinhas. Eu fiquei pensando aqui na tradição europeia da universidade, da academia.

O único resgate que foi feito de alguma coisa nessa direção foi o resgate que a psicanálise fez do sonho como uma expressão do desejo, do medo, como uma expressão muito profunda dos desafios que o sonhador ou a sonhadora enfrentam. Só que essa descrição, que é preciosa e relevante, é pobre. É interessante, mas ela é limitada porque não considera os desejos dos outros e das outras, o que é importante.

O Kopenawa deu acesso à antropóloga Hanna Limulja para estudar os sonhos dos Yanomami e, de fato, entrar em detalhes do contexto desses sonhos. Isso ela apresenta no livro "O desejo dos outros: uma etnografia dos sonhos Yanomami"[2] da Ubu Editora. Trata-se da percepção muito clara de que, entre os Yanomami, os sonhos vão muito além do desejo de quem está sonhando. Eles vão nos desejos das outras pessoas humanas e não humanas, dos outros seres da floresta, das entidades, dos xapiri. Uma maneira muito sofisticada de navegar tantos desejos.

Porque muita gente tem dificuldade para afirmar o próprio desejo, pois uma vez que você afirme seu desejo, você ainda tem que negociar todos os outros. Eu desejo, claro, mas o que desejam as outras pessoas e as outras entidades? Se a gente perde essa capacidade de transitar entre pontos de vistas diferentes, entre perspectivas diferentes, a gente se torna unilateral. Quando a gente se torna unilateral, a gente está no caminho de triturar, moer, fritar, despachar dessa para melhor, e, no caso, nós mesmos nos despachamos.

Então, eu acho superinteressante a maneira como Ailton aborda o tema, porque, de fato, como a Ciência nos ajuda a aprender sobre o sono e os sonhos nos últimos cem anos? Tem bastante coisa, mas a arte de sonhar foi perdida. A gente está tentando entender o que tantos povos diferentes trazem dentro da sua ancestralidade, que podem até ensinar aos demais, se soubermos pedir com jeitinho. Mas, vai ter que sair da sua rotina. Como Ailton diz, uma semana? O que é uma semana para quem faz uma dieta de um ano para tomar ayahuasca ou se preparar para fazer uma viagem espiritual através dos sonhos? Não é nada.

Quando se fala da pré-história, esquece-se de que a pré-história é muito mais longa do que a história. A nossa espécie está no planeta há cerca de trezentos e vinte mil anos. Isso pode mudar diante de achados que digam ser mais tempo. Os primeiros hominídeos surgiram há cerca de dois ou dois milhões e meio de anos. Durante quase todo esse tempo, nós não ocupamos o topo da cadeia alimentar. Nós não éramos os predadores mais temíveis. Na verdade, por muito tempo, por mais de um milhão de anos, nós nos alimentávamos de tubérculos e de carniça. Nós estávamos, portanto, bem depois das hienas nessa cadeia alimentar.

Em algum momento, durante o paleolítico superior, nos últimos sessenta mil anos, a gente começou a fazer uma mudança profunda nessa relação. Até antes, quando nossos ancestrais dominaram o fogo, já invertemos essa situação. Uma pessoa armada com um pouco de fogo pode muito mais, é natural. A gente começou a fazer uma coisa muito potente e muito perigosa, que é transformar tudo o que víamos em ferramenta, em coisas úteis. Ferramenta de osso, ferramenta de madeira, ferramenta de pedra, ferramenta de espinha de peixe, ferramenta de pele.

Multiplicamos o uso das coisas para resolver nossos problemas, dando a elas uma utilidade. Assim, criamos uma perspectiva de subir na cadeia alimentar e começar a ter um horizonte de mais do que um dia. Se você tem menos predadores te atacando, talvez sobreviva uma semana. Em algum momento, em torno de vinte e três mil anos atrás, nossos ancestrais deram o grande salto cognitivo de olhar para um outro ser vivo como ferramenta. Isso foi o início da domesticação do lobo. Foi um salto muito ousado, um giro radical, porque foi a ideia de trazer um predador para morar dentro de casa. Aquele bicho que estava ali para caçar os seus filhotes, de repente, passou a proteger os seus filhotes. Aquele bicho que disputava alimentos com nossos ancestrais e que caçava os humanos mais vulneráveis, crianças e idosos, aquele adversário feroz passou a protegê-los.

Uma mudança incrível. Mas é uma mudança por um lado maravilhosa e por outro lado maldita. Porque ela começa a subverter, a dobrar o mundo natural. É uma separação, uma cisão. Ela foi seguida por mais uma série de domesticações de animais e de plantas. Assim que acabou a glaciação, começou a domesticação frenética da cabra, da ovelha, da vaca, da lhama, da alpaca, da ervilha, do trigo, da cannabis. A cannabis começou a ser cultivada nove mil anos atrás, é uma das primeiras plantas a serem cultivadas. E tudo isso foi virando ferramenta.

Agora, esse processo mental que transforma seres vivos em ferramentas é o processo mental que vai desembocar na escravidão, é o processo mental que vai desembocar no genocídio dos povos ameríndios, que vai provocar a diáspora africana forçada. Então, a gente está falando aqui de um mecanismo mental perigoso que transforma objetos e seres — que são independentes de nós, que, nas concepções religiosas mais antigas, têm ponto de vista próprio, têm alma, têm espírito, têm axé — em coisas úteis. Tornou-se desnecessária a empatia, porque o outro passou a estar para servir. Eu acho que esse é o nó do problema que a gente precisa enfrentar, caso a gente queira de fato permanecer como espécie entre os seres vivos no planeta Terra.

Bom, o sonho não acontece só no sono. Num experimento, pedi para que uma plateia fechasse os olhos e imaginasse algo que precisasse acontecer para que este planeta começasse a se curar. Ao abrir os olhos, a maior parte das pessoas confirmou ter conseguido realizar o exercício. Então, isso é um exemplo prático de que a gente consegue muito rapidamente acessar um espaço de imaginação ou devaneio. Esse lugar é produtivo, é capaz de produzir imagens e, potencialmente, soluções. Potencialmente, porque a gente não sabe se de fato vai servir. Então, assim, o sonho produz soluções em potencial.

Quando a gente está fazendo esse exercício, o nosso cérebro está engajado eletricamente em atividade muito semelhante à atividade do sonho da noite, do sonho do sono. Quando dormimos, ao longo da noite, passamos pelo momento de sonho intenso e pelo momento de sonho menos intenso. Então, do ponto de vista da neurofisiologia, se você não tem sono, você não sonha. Mas a gente sabe que, se a gente estende o conceito de sonho para qualquer tipo de imaginação, mesmo desperto, você vai sonhar. E, se você ficar muito tempo privado de sono, você vai começar a sonhar acordado. O sonho fica intrusivo. Basta ficar uma noite sem dormir, qualquer encostadinha que você der, começa a entrar um monte de imagem, que não diz respeito ao que está acontecendo ali imediatamente.

Atualmente, há estudos afirmativos sobre as pessoas urbanas dormirem duas horas a menos, em média, do que se dormia cem anos atrás. Duas horas é um tempo gigante de sono deitado na cama ou na esteira ou na rede. Estamos falando da segunda metade da noite, do final da noite, que é quando a gente sonha mais. Então, duas horas a menos de sono são duas horas do melhor sonho perdido. O sonho mais complexo jogado fora nessa sociedade em que todo mundo acorda correndo, em que todo mundo acorda com alarme. As pessoas não acordam naturalmente. Acordar naturalmente é tão gostoso, é tão saudável, mas as pessoas acham que é impossível. Tornou-se um item de luxo. A pessoa simplesmente tem um sonho normal para o gasto, mas não podia ser.

Eu tive a oportunidade de participar da bancada do Roda Viva[3], quando o Ailton esteve lá a última vez. Eu perguntei isso para ele: em que medida a luta dos povos originários converge ou diverge da luta de quilombolas, da maioria negra, majoritariamente, periférica, de comunidades e favelas do Brasil inteiro? E quase sempre que eu faço uma pergunta para ele, ele vai para um lado que eu não esperava. Foi o que aconteceu. Eu achei que ele ia falar que não, tem que ter convergência, tem que estar junto. Ele falou: não, a diferença é muito grande por questão de cosmovisões diferentes.

Eu demorei um tempo para entender isso, para amadurecer isso com os meus interlocutores, com o meu padrinho, que é um homem negro e muito atuante na Secretaria de Igualdade Racial, para entender isso que o Ailton tinha falado. Qual é a questão? Ele já avançou. É óbvio que o consumo dos materialmente mais ricos é maior, é óbvio que o consumo dos países materialmente mais ricos é maior, mas é óbvio que, com poucas e raras exceções, todas essas experiências são experiências da doença da mercadoria.

Então, a luta para aumentar o poder aquisitivo é legítima, para aumentar o salário-mínimo, para subir o piso e para baixar o teto da riqueza no planeta. Mas, o que a gente também tem que entender é que o problema é mais profundo. O problema não é só a injustiça de pessoas materialmente mais ricas poderem usufruir de uma série de bens que a maioria não pode usufruir. Compreendemos que, se pudéssemos todas e todos ter acesso a esse consumo, o planeta só ia acabar mais rápido, pelo menos esse planeta que nós habitamos. Então, existem duas vertentes muito importantes aqui, uma é da justiça social e a outra é de viabilidade ecológica.

Se vamos encontrar outro jeito de estar no mundo, certamente é por um processo de criação de mais igualdade, mas também de transformação das nossas expectativas do que é estar bem no mundo. Se a nossa expectativa de estar bem no mundo é ter um monte de equipamento eletroeletrônico ligado, é ter um monte de cabo emitindo gás carbônico, é ter um consumo de carne completamente incompatível, tanto com a economia quanto com o meio ambiente, como também com a ética e com a moral, só vamos acelerar o fim do mundo.

Daqui a alguns séculos, talvez menos, se a gente ainda estiver por aqui, vai lembrar dessa experiência de produção em larga escala de carne como uma ação extremamente criminosa, extremamente destrutiva, cruel, inclusive. Então, o que é tão desconcertante na conversa com o Ailton é que ele vai além daquilo com que, com certeza, todo mundo concorda e já sabe, ou seja, que esse sistema produz desigualdade, infelicidade. Ainda que tenhamos conseguido melhorar de vida, acessar crédito, comprar geladeira, como ocorreu com os governos Lula e Dilma, do ponto de vista do planeta, ele deu uma piorada. E aí? Como é que a gente negocia isso? Passa por, na minha opinião, a gente desconstruir a ideia de que a plenitude vai ser encontrada na mercadoria.

Em contrapartida, em muitas culturas diferentes, ameríndias ou não, existe um transe importante entre o caçador e sua presa. Existem vários interditos que fazem com que essa caça seja uma caça legítima, não uma caça predatória além da conta, na qual não se demonstra o respeito do caçador com a presa. Inclusive em "A Queda do Céu" tem um sonho, entre muitos sonhos que o Kopenawa Yanomami relata, no início do livro, em que ele conta sobre uma caçada na qual capturaram queixadas.

Nessa experiência, houve uma reviravolta de perspectivas, em que o caçador passou a ser caçado. Ele foi atingido, passaram por cima dele e ele caiu. Deve ter morrido. Ele ficou muito assustado, era bem jovem ainda. Esse é o sonho mais importante na vida dele que tem, inclusive, a ver com o início de seu caminho como pajé. Eles comeram as entranhas dos animais no meio da floresta, estavam com fome. O correto seria levar essa caça para os parentes. Então, ele ficou doente, em estado de fantasma. Ele passou muito tempo doente, a ponto de pensar que iria morrer. Tem todo um processo de cura que passa pelos sonhos. Isso é muito antigo.

A gente não sabe exatamente sobre sonhos, mas existem evidências de que, no Paleolítico, havia o senhor das feras e um culto para ele que envolvia empilhar crânios. Isso é o tipo de coisa que está completamente profanado na nossa cultura atual. As pessoas comem carne que nunca tiveram que caçar, nunca tiveram que matar aquele animal, muito menos demonstrar qualquer tipo de respeito. É um exemplo de uma coisa que está completamente fora de prumo.

Indo um pouco para o lado da neurociência, existe uma teoria, há mais de vinte anos, proposta por um casal finlandês, que se chama Teoria de Simulação de Ameaças, a qual diz que a função primordial dos sonhos, não na nossa ancestralidade humana, mas lá atrás no Paleolítico há duzentos e vinte milhões de anos, estava profundamente modulada pela relação presa e predador e que seria um atributo muito mais da presa do que do predador. O predador que está no topo da cadeia alimentar está com a vida ganha. Ele está adaptado ali, e então sonhar para ele talvez não seja uma questão de sobrevivência, mas, para quem não está no topo, é uma questão de sobrevivência.

No meu laboratório na Universidade Federal do Rio Grande do Norte (UFRN), no Instituto do Cérebro, o doutorando Daniel Brandão deu sequência a uma pesquisa de alguns pesquisadores anteriores. O que nós fizemos foi tentar trazer a situação de presa e predador para o laboratório. Claro, na verdade, é uma adaptação muito pobre, porque a situação em que se está sofrendo predação ou que se está predando, caçando, é muito diferente de qualquer coisa que se pode fazer no laboratório. O jogo da vida e da morte é totalmente diferente de qualquer coisa que se possa fazer numa situação controlada. Mas, mesmo assim, tentamos.

Colocamos pessoas para jogar videogame, umas contra as outras, só que enquanto uma estava armada, a outra não estava. Esses jogos de um caçar o outro. Uma delas podia dar socos, então não era uma presa completamente indefesa, poderia até matar o predador; o predador tinha uma arma que poderia atirar. Nós colocamos as pessoas para jogar e depois dormir; as acordamos depois de duas horas, coletamos o sonho e, por fim, elas foram jogar novamente. A gente conseguiu fazer isso com treze pares de pessoas, treze pares de "presa e predador".

Qual é a conclusão até agora? Para os "predadores", nem o sono nem os sonhos foram muito relevantes. Eu acho que, se fosse uma situação real, seria relevante, mas como foi uma situação artificial, não foi relevante. As "presas" viveram uma situação atenuada em relação à vida real, mas de todo modo é uma situação desagradável você estar sendo perseguido, caçado por muito tempo, é uma coisa angustiante, mesmo que sendo apenas um jogo eletrônico. Então, para as pessoas que estavam no papel de presas, quanto mais elas tiveram sono de qualidade, melhor foi o desempenho na segunda rodada de jogo. E quanto mais elas sonharam com aquele jogo, com aquela situação, melhor elas se saíram na segunda rodada.

O que eu depreendo disso é que esse experimento, evidentemente muito artificial, corrobora com a ideia de que, sonhando, as pessoas sobrevivem e de que é importante aquela atividade onírica para você poder minimamente lidar com uma situação assimétrica. Porque é assimétrico aquilo que quase todo ser humano experimenta na vida, no dia a dia. Agora, se a gente acha que é assimétrico hoje, imagina há cinquenta mil anos quando havia mais leões do que seres humanos. Hoje a gente está tentando impedir que os leões desapareçam completamente por ações de outros humanos. Então, nosso estar no mundo, nosso problema no mundo é não ser comida de alguém, e acho que esse experimento da predação dá conta do sonho como uma necessidade da sobrevivência no presente.

O sonho é uma fonte de ideias novas e muitos povos diferentes vão buscar nomes, vão buscar canções, vão buscar caminhos, vão buscar estratégias. Isso é, digamos assim, foi do sonho que a gente veio. Todo mundo fazia isso. Todas as culturas faziam isso, é universal. Essa história de não lembrar os sonhos, de não usar os sonhos para nada, é muito recente e está dando bem errado. Porque o sonho tem tudo a ver com a arte, e a arte tem tudo a ver com a busca de soluções criativas para problemas objetivos ou subjetivos.

Como manter o encantamento pela vida? A gente está diante de uma coisa tão séria, de um risco tão grave, que a ideia da perda do encantamento é, na verdade, uma derrota antecipada. "Olha, eu desisto, eu vi que a gente vai acabar dali adiante, então, eu vou desistir agora". Isso é um risco terrível. Na verdade, isso seria uma grande insônia.

Eu me lembro de um poema do Maiakovski em que ele fala assim: "Por enquanto há escória de sobra, o tempo é escasso, mãos à obra.

Primeiro é preciso transformar a vida para cantá-la em seguida". Isso está ligado ao que o Ailton falou no finalzinho daquela entrevista no Roda Viva em abril de 2021, quando o José Miguel Wisnik perguntou sobre o lugar da alegria de viver, e o Aílton disse: "Você sabe muito bem que a alegria é a prova dos nove. Então a vida, por ser esse dom tão indescritível, incontível, ela não pode ser recebida de outra maneira que não com contentamento, alegria, e uma resposta criativa para o sentido de uma dança cósmica. Se você fosse chamado para uma dança cósmica você ia ficar cabisbaixo, ou você ia sair saltitante?"

Então, o Ailton pega as nossas esperanças e passa no moedor de esperanças do realismo lúcido, mas o Ailton também fala: "Peraí, eu estou vivo. Por que não me entregaria a essa dança cósmica?" Então, nesse sentido, se o desafio é grande, o encantamento deve ser maior ainda.

Por fim, acrescento que o efeito da cannabis é positivo para sonhar acordado e não muito para o sonho noturno. Eu diria que não impede o sonho, mas atrapalha a lembrança dele. Como usuário do óleo da cannabis, percebo diferença grande quando uso, em relação a quando não uso. Certa vez, acampei com a Luiza Mugnol-Ugarte, minha companheira, no Vale do Pati, na Bahia. Ficamos uma semana atravessando o Vale do Pati acampando, tomando banho de rio, sem nenhum tipo de eletroeletrônico. Eu sonhei intensamente. Eu sonhava e acordava às quatro e meia da manhã; surpreso, eu sonhando isso e aquilo, com uma memória perfeita dos detalhes do sonho. Lembro-me de um sonho que começou com a ayahuasca, depois foi para o candomblé, depois foi para a iboga, uma planta psicoativa do Gabão, e depois ficou numa situação em que o Lula apareceu procurando uma pessoa para ser candidata a vice presidente.

Isso para mim foi uma revelação científica, porque eu estava tomando o óleo, eu estava tomando bastante, o que não impediu o sonho de acontecer. Sonhar tem a ver com se sentir parte da Natureza novamente, numa reintegração.

O canabidiol é muito bom para dormir. Para quem tem fragmentação do sono, que acorda duas três, quatro vezes à noite, o canabidiol acaba com isso, você consegue ter uma noite sólida, o que é bom para a memória, é bom para o sistema de emoções, é bom para o sonho. Agora, é como eu falei, os canabinoides vão criar dificuldade de acordar de manhã e de lembrar. Frequentemente, a gente acorda de manhã e pergunta: "Você sonhou?" "Sonhei." "Com o quê?" "Sonhei com isso, isso e isso." "Me conta os detalhes." "Não consigo." Isso tem a ver com a cannabis.

As plantas de poder, a medicina da mata, hoje estão na moda. A ayahuasca é uma febre mundial. Isso vai além da bebida da ayahuasca, da mistura de duas plantas, de pelo menos duas plantas, pois na verdade são culturas em torno do uso dessa bebida, que são muito potentes e que têm um forte apelo. Hoje nós podemos aprender sobre o uso ameríndio, por exemplo dos Yawanawá, dos Huni Kuin, diretamente com esses povos. É muito interessante que os povos ayahuasqueiros da Amazônia estão hoje disseminando a ayahuasca não apenas para os brancos mas também para povos indígenas não tradicionalmente ayahuasqueiros. Trata-se de uma força motriz do pan indigenismo atual.

Há igrejas sincréticas, o Santo Daime, a União do Vegetal (UDV), a Barquinha, o neo-xamanismo, então a ayahuasca está na boca do povo, em boa parte do planeta. É uma medicina muito poderosa. No Instituto do Cérebro da UFRN, a Fernanda Palhano Fontes e outras pessoas da equipe do Dráulio de Araújo demonstraram que a ayahuasca tem efeitos antidepressivos muito importantes. Isso foi demonstrado em um ensaio aleatorizado e bem controlado por placebo. Coisa que os pajés já sabiam, mas também um conhecimento novo que agora nos permite abrir um diálogo dentro da psiquiatria em torno disso. Isso está acontecendo com o rapé, isso está acontecendo com a jurema e tem também a ver com a cannabis, porque, para certos povos, como os Guajajara e os Huni Kuin, a cannabis é central. Não é uma coisa que chegou agora e que é um adereço, hoje ela faz parte do mundo espiritual das pessoas, das suas cosmovisões.

Agora, o que eu sinto que está acontecendo também é uma apropriação cultural. Foi esse o ponto principal da Quarta Conferência Indígena da Ayahuasca, porque já existem muitas tentativas de patentear a ayahuasca, tanto na Europa como nos Estados Unidos. É a "farmahuasca", essa tentativa de farmacologizar a ayahuasca. Eu acho que a gente precisa ter muito cuidado. Um dos resultados da conferência foi uma carta de compromisso com a luta para quebrar todas essas patentes.

Não existe um consenso, havia trinta e duas etnias nessa conferência. Algumas pessoas diziam que precisavam patentear a ayahuasca para os povos indígenas e outras pessoas diziam que não tem que ter patente nenhuma. Outros diziam ser preciso ter um sistema para normalizar a comercialização, outros diziam que não tem que comercializar nada. Eu aprendi que existe uma diversidade e uma riqueza de opiniões muito grande e não há resposta fácil. Então, o que há é essa tentativa do capitalismo de patentear as plantas de poder, os cultos de poder, os animais de poder, que são chamados de psicodélicos pela ciência universitária. Essa tentativa em curso é muito perigosa, porque essas substâncias são uma grande esperança de transformação de expectativas. Se elas forem domesticadas e utilizadas pelo capitalismo, vai ser mais uma chance perdida para a gente permanecer por um pouco mais de tempo aqui no planeta.

Até pouco tempo atrás, toda a nossa pré-história era ficção. Era gente imaginando. Nos últimos trinta anos, muita pesquisa arqueológica foi feita, que corrobora com as descobertas da Antropologia, da Etnografia, que corroboram descobertas dos povos originários de anos anteriores. Então, por exemplo, em Çatalhöyük, um dos dez sítios arqueológicos mais importantes na Turquia, artefatos demonstram que, há oito mil anos, a cidade era governada por um regime de matriarcado. Todas as cerâmicas, por exemplo, eram com mulheres e eram mulheres mais velhas. Havia claramente o foco nas mulheres mais velhas que era o contrário do que existe hoje em dia. Isso está muito bem descrito num livro recentemente publicado que se chama "O despertar de tudo", de David Graeber e David Wengrow (2022), publicado no Brasil pela Companhia das Letras.

Então, tem uma farta documentação sobre como a origem da Ciência, a origem da agricultura e a origem da medicina eram atividades femininas. A geometria, os cestos, a cerâmica, o uso das ervas em torno dos jardins que misturavam comida com tempero, com remédio, com veneno. Quem sabia utilizar tudo isso eram as mulheres. Então, houve um grande apagamento pela tradição patriarcal europeia do papel feminino. Apagamento físico e, também, simbólico.

Por fim, Mateus Aleluia, um grandioso artista, sábio, lançou o disco Afrocantos das Nações, que foca na cultura jeje, que trouxe os orixás de palha: Nanã, Omolu, Obaluaiê. Isso é muito importante no candomblé do Brasil. E nesse disco ele fala sobre a precedência do sagrado feminino em relação ao sagrado masculino. Ele pergunta: existe sagrado masculino? E responde: claro que existe, e ele vem da costela do sagrado feminino.

---

[1] Albert Bruce e Davi Kopenawa Yanomami (2015 [1992]), "A queda do Céu: palavras de um xamã yanomami".

[2] Hanna Limulja (2022), "O desejo dos outros: uma etnografia dos sonhos yanomami".

[3] Programa de entrevista da TV Cultura.

CARTAS PARA AILTON[1]

Nurit Bensusan

Ailton,

é de onde você veio até onde eu vim e de onde eu vim até onde você veio que acontece o encontro. Você trilhou o caminho da terra até o livro, eu percorri a estrada do livro até a terra. Vim de um povo que se dizia povo, mas sem terra, e, ainda assim, povo, povo do livro. Você veio de um povo que só se diz povo com terra e faz da terra, o povo. É interessante pensar em como saímos de lugares tão distintos e chegamos a esse ponto de encontro.

Mas, temos, também, muita história em comum… Enquanto o seu povo, apesar de enraizado na América, nas Gerais e nos meandros do vale do rio Doce, era perseguido, fugia, matava e morria, o meu, desenraizado, errava de canto em canto, procurando onde ficar, sem incomodar. Vagou das terras palestinas para a Mesopotâmia, dali para o norte da África, e, com os mouros, para a Península Ibérica. De lá, expulso mais uma vez com o advento da reconquista da região pelos cristãos, acabou na Turquia.

Você conta que, além de chamarem de botocudos todos os índios das matas do rio Doce e até do Espírito Santo, ainda no começo do século 19, os nomes que designaram, depois, os índios eram, em grande parte, nomes de lugares. Assim acontece também com o meu povo: além de serem chamados todos de judeus, os dessa minha vertente são chamados de sefarditas, uma referência à Espanha — Sefarad, em hebraico —, de onde fomos expulsos na mesma época em que os europeus chegavam aqui, na América do Sul.

Esse meu povo, de tanto ser proibido de ter terras, por séculos a fio, em qualquer lugar que andava, passou a acreditar que era composto de seres essencialmente urbanos, daqueles que não pisam na terra e que acham que a natureza é de outra natureza que não a deles. Foi assim que eu cresci, com essa música nos ouvidos: saber línguas, estudar algo aplicável em qualquer lugar do planeta e estar pronta para ir embora, a qualquer momento... Nenhum apego local, nenhuma atenção à natureza, à paisagem, às plantas ou aos pássaros. Uma aposta na eterna errância ou numa terra prometida que parece não cumprir nunca a promessa.

Você, por sua vez, diz que, quando pensa no território do seu povo, pensa em um lugar onde a história, os contos e as narrativas dele acendem luzes nas montanhas, nos vales, nomeando lugares e identificando o fundamento da sua tradição na herança ancestral do seu povo. Há algo assim na tradição cultural do meu povo, a terra prometida, terra de leite e mel. Mas essa terra é um misto de território físico e geográfico com uma terra mítica, só alcançável na era messiânica. Assim, alguns consideram que ela existe hoje; outros acreditam que ela existe, mas não deveria existir; e outros, ainda, estão convencidos de que, apesar de ela existir hoje, não é ali que seu judaísmo cabe. Claro, você sabe, entre os judeus é como entre os índios: dois judeus (ou dois índios), três ideias, quatro lideranças...

Eu quero acreditar que esse cenário, ou essa minha ancestralidade, me permite algum conforto nos labirintos que ligam as questões da cultura aos assuntos espinhosos da identidade. Sei que você acredita que os fundamentos de uma tradição não são leis, nem mandamentos que devem ser seguidos sob pena de não sermos mais quem somos. As tradições estão vivas e mudam o tempo todo, dinâmicas, como a vida. Afinal, a vida é movimento. Você diz, inclusive, que é isso que nos possibilita sermos contemporâneos uns dos outros, mesmo vivendo de formas muito distantes: aqueles que fazem fogo friccionando uma varinha no terreiro de casa ou no meio da floresta com os que usam celulares com os aplicativos recém-lançados no mercado. Aqueles que sequer cozinham aos sábados, dia oficial do descanso judaico, segundo os preceitos religiosos, com os que fazem cirurgias complexas nesse dia. Somos todos índios, somos todos judeus.

Não são, e não podem ser, a meu ver, as manifestações culturais as definidoras da identidade dos povos. Se você mora em uma cidade, anda de carro, viaja mundo afora, escreve em um computador e conversa pelo celular, você é menos Krenak? Se eu como carne de porco, trabalho aos sábados, como pão na páscoa judaica e não jejuo no dia do perdão, sou menos judia? Índio é quem diz que é índio e é assim reconhecido por seus pares. Judeu é quem diz que é judeu e é assim reconhecido por seus pares. Mas o labirinto é extenso e nem sempre podemos contar com os préstimos de uma Ariadne…

Quando a identidade confere direitos, principalmente em cenários onde não é isso que se quer, os questionamentos afloram. Quando é mais conveniente acreditar que todos querem viver da mesma forma e que não há espaço para viver, simultaneamente, de muitos jeitos diferentes, as janelas para fora desse pensamento hegemônico são trancadas. É aí, talvez, que se esconda o segredo do encontro. Mais uma vez, concordo com você, nossos encontros acontecem todos os dias. Não é possível cravar 1500 como o ano do encontro entre os europeus e os índios que viviam nessa terra, assim como não faz sentido acreditar que o momento do contato — entre índios e brancos, entre judeus e árabes, entre europeus e povos das Américas — é o momento do encontro. O encontro se faz no convívio, ou, como você bem diz, há uma espécie de roteiro do encontro que acontece quando nos permitimos reconhecer o outro e, eu acrescentaria, quando também nos reconhecemos no outro.

Há, porém, quem não queira, nem acredite no encontro. Há quem aposte no fim da diversidade de modos de vida. E há, aqueles, tão desumanos ou, talvez, tão humanos, que agem para pôr um fim físico a esses modos de vida, limitando direitos, alimentando preconceitos e estereótipos, ameaçando e mesmo matando. Já vimos isso acontecer, você e eu. Estamos vendo isso acontecer de novo.

Eu te escrevo essa carta, aqui no Canadá, no momento em que, por um lado, se comemoram os dez anos do início dos trabalhos da Comissão da Verdade e da Reconciliação entre os brancos e os índios, depois de histórias tão escabrosas quanto as nossas, no Brasil, mas, por outro, se reconhece que um genocídio está sendo perpetrado, agora, contra os povos originários desse território, diante do número de feminicídios de mulheres indígenas.

Acompanhando as comemorações, achei particularmente interessante que uma das críticas que foi feita à Comissão era derivada do uso do termo "reconciliação". Os seus defensores diziam que o uso dessa palavra se referia ao fato de que, em algum momento, teria havido uma relação harmônica entre os colonos e os povos indígenas que viviam no Canadá, a qual seria, então, restaurada pelo trabalho da Comissão. Os críticos, porém, alegavam que essa relação harmônica jamais existiu e que o uso do termo "reconciliação" perpetua esse mito, evitando o reconhecimento de que existia, antes do contato, a soberania dos índios sobre seus territórios.

Em contraposição a essa crítica, você conta que, nas narrativas antigas de diversos povos indígenas do Brasil, havia uma profecia sobre a chegada dos brancos. O branco, nessas histórias, é identificado como um irmão, alguém que deixou o convívio dos índios e partiu não se sabia para onde. Nas profecias, ele voltava para casa, mas era um estranho, não se sabia o que pensava, nem o que queria, se vinha como o irmão que volta a casa materna ou como alguém que se afastou tanto de suas origens que volta como uma ameaça. Assim, um cenário de reconciliação poderia se delinear… ou não…

Uma eventual reconciliação entre esse irmão perdido e seus parentes só poderia se dar a partir do encontro. Mas, desde a sua volta, o que fez esse irmão foi cercar terras e entregá-las a senhores feudais e coronéis, implantar fortes e cometer violências, destruir florestas e paisagens, tudo em nome de uma miragem de progresso. Não há encontro possível assim, onde um mundo destrói propositadamente o mundo do outro. Onde o volume da violência perpetrada tem como finalidade acabar com a resistência e conduzir à aceitação da ordem imposta.

Ainda assim, porém, a resistência não acabou. Nossos povos são resilientes. Judeus enfrentaram massacres na Rússia, na Polônia, na Ucrânia e em vários outros lugares. Seis milhões morreram na Segunda Guerra Mundial, em campos de concentração e de extermínio. Mas, apesar de tudo isso, e do antissemitismo crescente e ubíquo, continuamos aqui. E uma forma de estar aqui, como judia, pode ser também lutar contra as ações dos próprios judeus que espelham o comportamento dos outros, discriminando, ameaçando e matando. Vale sempre lembrar que há diversas formas de ser judeu, sefardita, índio, branco ou qualquer outra coisa.

Os índios, em sua pluralidade, seguem aqui também. Como você disse, houve, sim, uma descoberta do Brasil pelos brancos em 1500, mas houve, depois, uma descoberta do Brasil pelos índios nas décadas de 1970 e 1980. Nessa ocasião, os índios descobriram que, apesar de eles serem simbolicamente os donos do Brasil, eles não têm lugar nenhum para viver nesse país. Terão que fazer esse lugar existir dia a dia. E agora, cada dia mais, terão que inventar o que é ser índio no Brasil.

Saber, mesmo, eu não sei, mas desconfio que essa invenção já começou e tem acontecido quando os índios chegam às universidades e promovem um encontro real de saberes. Tem acontecido quando temos, entre os parlamentares, uma deputada federal indígena, Joênia Wapichana, articulada e combativa. Quando há índios professores, médicos e advogados e, ao mesmo tempo, há aqueles que vivem nas aldeias, respirando os ritmos da natureza. Tem acontecido quando os índios se organizam e vão a Brasília a cada ano, no Acampamento Terra Livre, fazer pressão pelas pautas de seus interesses. Tem acontecido quando um dos livros mais importantes do momento, "A Queda do Céu", foi escrito por um índio Yanomami, Davi Kopenawa. Mas tem acontecido também quando os povos indígenas seguem lutando por seus direitos e territórios. Pelo direito de seguir sendo.

Essa invenção é a multiplicação da possibilidade do encontro. E aqui, eu abro parêntesis para te contar uma história sobre encontros. Quero te falar sobre o encontro entre Edward Said e Daniel Barenboim. O primeiro, um palestino que nasceu em Jerusalém, em 1935, e acabou se tornando professor de inglês e de literatura comparada na Universidade de Columbia, em Nova York, sempre esteve engajado na luta dos palestinos contra a ocupação israelense e contra aqueles que demonizam o Islã. Ele era um excelente pianista e, por meio do caminho da música, conheceu Daniel Barenboim. Este, por sua vez, é um judeu nascido na Argentina que se mudou para Israel quando adolescente e hoje mora em Berlim. Barenboim é pianista e maestro. Do encontro entre eles, nasceu, em 1999, a orquestra do divã ocidental-oriental. Esse nome é inspirado no título de uma antologia de poemas de Goethe, que tentava conciliar a tradição poética árabe com elementos da modernidade europeia. Originalmente, a sede da orquestra ficava em Weimar, na Alemanha, mas agora está em Sevilha, na Espanha. Mas o que é de fato interessante nessa orquestra é que seu objetivo é promover o diálogo e o reconhecimento da humanidade do outro. Os músicos são árabes e judeus do Oriente Médio, que tocam juntos. Barenboim e Said disseram, mais de uma vez, que a orquestra abre uma brecha no desconhecimento que judeus e árabes, israelenses e palestinos, têm uns dos outros e, como diria você, cria um roteiro para o encontro.

Acredito que encontros assim ajudam as pessoas a inventar seu lugar no mundo, contemplando mais possibilidades e criando questões que nem se colocavam antes. Como disse um dos músicos da orquestra: o que vai acontecer se eu encontrar um dos meus colegas de orquestra no campo de batalha?

Você disse uma vez que, se os índios continuarem a ser vistos como os que estão para ser descobertos e seguirem encarando cidades e tecnologias apenas como algo que ameaça e exclui, o encontro continuará a ser protelado. No entanto, os povos indígenas estão dando um importante passo em direção a ele, passando a se apropriar das tecnologias e a entender os riscados das cidades, mas sempre deixando claro que índios são e índios permanecem. Acho que os outros, não índios, talvez por serem tão mais numerosos e tão imersos nas suas formas hegemônicas de estar no mundo, ainda não conseguiram dar o seu primeiro passo.

Ou, talvez, não quiseram e nem queiram, como sociedade, compreender que existem alternativas. Talvez a maioria esteja confortável nessa corrida sem fim para lugar nenhum, onde o que fica para trás é só um rastro de destruição. Talvez não tenham percebido que não estamos acampados aqui provisoriamente, essa é a nossa casa. Talvez não se tenham dado conta de que deveríamos nos reconhecer como um estado plurinacional e não insistir em permanecer como colonizadores oprimindo eternamente outros povos e outras formas de viver. Enfim, talvez não tenham entendido que tudo tem consequências.

Quando, porém, o encontro acontece, ele é avassalador e, porque não dizer, sagrado. E assim, se encontro for, ele nos dá asas, nos permite mirar o futuro, o que está por vir, o que podemos vir a ser. Mostra-nos que há caminhos, por mais perdidos que estejamos; que o céu pode não despencar sobre nossas cabeças e ali permanecer nos dando seu azul; e que o que passou é pouco diante do que pode passarinho.

É no território do conhecimento umbilicalmente ligado à natureza que acontece o nosso encontro. Em uma terra que é física, mas é mítica. Geográfica, mas sagrada. Histórica, mas prenhe de devires. Tradicional, mas inovadora. Sua e minha. Nossa. Aqui e agora. Sempre.

[1] Este texto é oriundo de performance de Nurit Bensusan realizada no Teatro do Dragão do Mar, em Fortaleza, no dia 26 de novembro de 2022, durante o Seminário Desnaturada. A versão original foi publicada no livro "Do que é feito o encontro" da Editora IEB Mil Folhas, em 2019. Disponível em: https://www.n-1edicoes.org/textos/151. Acesso em: 30 nov. 2022.

OUTROS POSSÍVEIS: OS SUSSURROS DA PAN-AMAZÔNIA

Marcos Colón [1]

CONEXÕES AMAZÔNICAS

Pensar "outros possíveis" através de conexões tão diversas, eu diria, é um desafio a nível da interdisciplinaridade dos saberes e do conhecimento. Eu diria até a nível de tipologias de saberes.

O cinema potencializa essas conexões. O filme "Pisar suavemente na Terra"[2] é justamente sobre a vida, embora uma parte importante aborde a morte. A cena de abertura foi filmada num furo do rio próximo de onde o Bruno [Pereira] e o Dom [Phillips] foram assassinados[3] na região do Vale do Javari.

O roteiro foi costurado a quatro mãos (pelo professor Bruno Malheiro e por este que vos escreve) e está dividido em quatro eixos. Primeiro, um anúncio da crise civilizatória em que vivemos, depois a guerra e logo a morte — que é consequência da guerra. Por fim, outros horizontes que questionam as engrenagens que estão levando a Terra ao seu limite.

Metaforicamente, é como se fosse o decorrer de um dia inteiro: do amanhecer, passando pela tarde, pela noite até o re-amanhecer. Foi uma estratégia narrativa e estética que quisemos trazer na obra.

Isso acompanha a vida de alguns povos amazônicos, não somente do Brasil. Fomos ao Peru e à Colômbia e, nesse processo, passamos por várias intempéries.

Nos propusemos pensar a Amazônia desde o ponto de vista dos povos indígenas que estão nela. Isso muda tudo, reconfigura tudo, pois ressignifica várias visões de mundo.

Pensar a Amazônia desde os povos implica reconfigurar o nosso olhar e as nossas percepções — reconhecer também que nós estamos vivendo uma amnésia biocultural.[4] Como puderam ver, o próprio Ailton Krenak fala que "o futuro é ancestral". Então, para sairmos dessa amnésia biocultural, precisamos dessa ancestralidade. Ou seja: precisamos nos reconectar à vida e àquela memória ancestral.

No caso de agora, é olhar a Amazônia pelo pensamento indígena e seus saberes ancestrais. Sair do equívoco e da soberba civilizatória que está nos destruindo em nome de um tal "progresso" que só vem para poucos.

AMAZÔNIA PELO PENSAMENTO INDÍGENA

O pensamento indígena nos calibra. Ele reconfigura o nosso olhar, pensar e sentir.

Quando pensamos no exemplo da cacica Kátia Silene Akrãtikatêjê, pensamos na resistência de uma mulher que, aos nove anos, foi desterrada junto com os irmãos da própria casa, do próprio território, da própria cultura, da própria ancestralidade. Uma mulher que perdeu tudo, inclusive o próprio nome. Depois houve um resgate da própria identificação, que continua sendo um processo muito importante e precisa ser ressaltado.

A luta do José (Pepe) Manuyama em defesa do rio Nanay (perto de Iquitos) contra a contaminação por mercúrio, ou o caso do cacique Manoel Munduruku, no Planalto Santareno, enfrentando o avanço da soja sob seu território. A experiência de cada um deles deixa em evidência a cultura de morte que o modelo capitalista impôs na região. Ao mesmo tempo, ressalta a resistência e resiliência de cada um em defesa de seus territórios, culturas e ancestralidades.

São três histórias amazônicas; "amostras" que, de alguma maneira, dialogam com outros contextos e com a violência e a resistência de muita gente.

Lembro que quando fomos encontrar o cacique Manoel em Santarém, ele estava saindo de uma consulta com um psicólogo. E por que essa consulta? Porque ele estava sendo ameaçado de todos os lados por seus próprios parentes para ceder seu território para o cultivo da soja.

Quer dizer: cada história apresentada no "Pisar suavemente na Terra" tem camadas, e é importante enfatizarmos que elas fazem a diferença. São histórias que precisam ser contadas, pois, como afirma Ailton Krenak, elas nos ajudam a adiar o fim do mundo. As histórias da Kátia, do Pepe, do Manoel e do próprio Ailton nos ajudam a resistir à cultura da amnésia biocultural e da morte.

ALEGRIA COMO RESISTÊNCIA

A gente se pergunta: por que os povos indígenas resistem a assédios há mais de 500 anos? Por que eles continuam nessa peleja por sobrevivência?

Porque a peleja deles é pela vida. Não só a deles, mas a vida da própria floresta. A vida do planeta.

E um dos componentes de resistência dos povos indígenas é a alegria. A alegria é uma forma de resistência. O que tentamos trazer para a superfície do debate, como diz o Ailton Krenak, foram esses outros possíveis que os povos indígenas têm no próprio cotidiano, na guerra pela vida.

E aí nós chegamos ao ponto de ter de escolher entre o que nos salva e o que mata o mundo (e, consequentemente, também nos mata).

O filme não é retórico. Ele aponta essas possíveis escolhas. Nós escolhemos chegar e comer a Terra, como a gente já come. No final, é uma escolha nossa decidir pela vida ou pela morte.

Os povos indígenas têm nos ensinado e mostrado nas lutas, não só de agora, a batalha pela vida. Uma luta que incomoda e nos leva a acordar e juntar forças com todos eles.

O filme tenta trazer, de quem sempre esteve aí olhando e respeitando as vidas, uma pitada de alegria e de esperança. Porque quando a gente olha para a floresta, para a mata, para Amazônia pelo olhar dos povos, a gente se recalibra.

CAMINHOS CRUZADOS

Nós não chegamos até os indígenas que estão no documentário. Eles chegaram até nós. Foi um processo muito orgânico.

Eu estava no Peru para fazer um filme, no início da pandemia. Depois de três dias lá, a pandemia chegou, e de forma muito violenta, muito forte. Eu não podia cancelar a passagem sem perder dinheiro que já tinha gastado. Naquele momento, as companhias ainda não tinham tanta flexibilidade para ressarcir.

Eu e o Bruno Erlan, companheiro que me acompanhou para as gravações, tivemos que sair de lá às pressas. O presidente do Peru havia decretado naquele momento que todo estrangeiro tinha que sair em menos de 24 horas, mas ainda houve tempo de três dias para filmar com o Pepe no rio Nanay, que está contaminado por mercúrio. Não foi fácil sair do país. Um representante do consulado brasileiro em Iquitos conseguiu, em conjunto com a Marinha peruana, uma autorização para nos embarcar. Entramos num barco que saiu às pressas de Iquitos até chegar à fronteira com Tabatinga (AM), já no Brasil, na tríplice fronteira com Colômbia e Peru.

Nós ficamos cinco dias dentro de um cargueiro que levava quatro toneladas. Foi uma coisa surreal. Uma viagem surreal. Outro filme virá sobre esse momento, mas isso é para outra história.

Então, a partir daí, tivemos um hiato muito grande. Foi uma pausa de dois anos por conta da covid. Ilhados em casa, não tínhamos como fazer nada. Nesse processo de isolamento, fomos nos configurando. Tentamos envolver outros atores nesse processo, e foi assim que entrou o Bruno Malheiro, professor da Unifesspa e amigo nosso de Marabá (PA). Ele e suas leituras sobre a Amazônia e experiências com os povos foram

integrados ao projeto. Começamos a fazer um trabalho online que vingou e foi ganhando corpo.

Paralelamente, eu já conhecia o Ailton de outros eventos e situações também de filmes em Portugal. Mas, foi um processo que foi sendo construído e conquistado de forma muito orgânica. Nós tentamos, nós queríamos, mas havia muita tensão por conta da covid. Tínhamos muito medo, receio. O processo das quatro personagens tinha uma costura muito natural, pelo menos na nossa perspectiva. Mas nós queríamos que essas narrativas falassem (perceba que não usamos no filme aquele narrador clássico de documentário).

Costumo brincar que às vezes a gente acha que os povos precisam da gente para ter voz. Mas não. Nós somos apenas condutores. O que acontece é que, na Amazônia, um grito vira sussurro — como afirma o Bruno Malheiro, nosso corroteirista. Então temos que fazer com que esse sussurro vire um grito.

O "Pisar suavemente na Terra", na verdade, é um instrumento para fazer com que a voz e as histórias desses personagens ganhem visibilidade. Porque a Kátia está sendo ameaçada pela Vale, pela Suzano e pela Eletronorte. O Pepe está sendo ameaçado no território dele, no Peru, assim como o Manuel, por outras grandes companhias. Os grandes "empreendimentos", como ele mesmo se refere. Irônico.

Enfim. Há uma sequência de catástrofes que esses povos têm vivenciado e a gente, ao ouvir essas histórias, se sente na obrigação de transformar esses sussurros em gritos — mas contados por eles próprios.

Foi um processo, e ficamos muito felizes em vê-lo concretizado. Não fomos nós que escolhemos as personagens. Acredito que a própria potência das vozes delas foi o que nos escolheu. Coube a nós fazermos essa costura imagética, poética, contando essas histórias que não são só sobre a Amazônia brasileira, mas sobre a Pan-Amazônia e o mundo em si.

Precisamos falar mais dessa Pan-Amazônia. As agruras vivenciadas no Brasil são também vivenciadas e compartilhadas por irmãos na Pan-Amazônia. O Peru foi onde houve o maior número de mortes per capita por covid, a Bolívia sofre com a ganância pelo lítio, e os irmãos colombianos estão enfrentando muitos problemas. São países menores do que o Brasil, mas que precisam fazer mais parte de nós e do nosso imaginário.

Costumo pensar a Amazônia por essa perspectiva continental, Pan-Amazônia. O filme procura trazer essas vozes latino-americanas que também compartilham das mesmas agruras que os povos indígenas no Brasil.

O objetivo de toda a equipe (Bruno Malheiro, João Pires de Deus, Bruno Erlan, Diego Orix) era ter juntado todas as personagens numa celebração Pan-Amazônia pela vida. Infelizmente, por conta da pandemia, isso não pôde acontecer.

DESCONEXÃO COGNITIVA

Existe um enredo na sociedade que diz ser possível corrigir o capitalismo, que a gente pode educar o capitalismo. O capitalismo não tem correção, não tem educação. Quando a gente pensa em todo o processo sistêmico, romper a estrutura de pensar, de consumir, exige de todos nós uma renúncia. No entanto, nós não queremos ceder a nossa zona de conforto. Logo, o próprio sistema capitalista trabalha dentro dessa zona de sedução. Particularmente, não acredito que tenhamos condição de fazer com que o sistema capitalista se reeduque. O capitalismo é insaciável e seguirá comendo tudo o que puder.

Como professor e educador, acredito numa única coisa, que é a educação. Estamos chegando ao limiar do antropoceno. O que será do futuro se as novas gerações não forem educadas para entenderem a riqueza dessa ecologia de saberes ancestrais?

Existe uma desconexão cognitiva[5] em que hoje a sociedade em geral se recusa a enxergar o colapso climático que se abate sobre todos — humanos e não humanos. O sistema capitalista sustenta essa estrutura de cegueira e busca transformar a salvação do planeta em um novo produto a ser vendido, desconsiderando o papel da natureza e dos povos que habitam os biomas mais ameaçados.

Constatei justamente isso quando estive na Conferência das Partes 26 (COP 26), em 2021, em Glasgow, na Escócia. As mesmas discussões na "Zona Azul", como eles chamam a mesa de negociações, são jogatinas em que estão discutindo há anos. Precisamos parar e pensar, nós, como formuladores, gestores, agentes, educadores, opinadores e sociedade, como pessoas que têm condições de transmitir e passar um legado adiante.

Para mim, refletir sobre isso implica mudanças de hábito e tocar na zona de conforto de todos nós.

Nós criticamos todas as ações capitalistas na região da Amazônia. Sabemos, por exemplo, das agressões de fogo, fumaça e sangue na região, desse descompasso entre a vida e a morte, porque não tem como coexistir com isso. Ou seja, você constrói ou destrói, seguindo uma política de morte. No caso da Amazônia, destruindo a floresta, todos morrem, não se gera vida. Por isso o descompasso. Não tem como criar uma relação de boa vizinhança com o sistema capitalista. Se fizermos isso, só haverá morte para a região.

Tenho repetido muito sobre isso e, para mim, a saída que ainda temos é a educação ambiental. Um exemplo é o curso que ministro neste segundo semestre de 2022 na Universidade Estadual da Flórida sobre One Health (Uma Saúde). A saúde do planeta é uma: se os povos indígenas estão doentes, a floresta também estará. Se a floresta está doente, os povos dela estarão, e nós também.

Às vezes a gente se pergunta: o que os povos da floresta têm e o que eles querem? A resposta é simples. Eles querem o mesmo que nós. Eles querem ter segurança, saúde e respeito aos seus direitos. Mas, como isso é possível quando se destrói a floresta, contaminando o lençol freático, devastando a paisagem, causando um descompasso e todo um desarranjo biológico dentro da floresta?

Enfim, a nossa guerra é contra esse modelo, contra esse sistema, contra esse modo de pensar — que é o modo de pensar da morte. Em contrapartida, a gente apresenta a vida, a gente vê os povos. Então, como disse o Carlos Walter, geógrafo brasileiro, todo saber é um sabor e todo sabor é um saber. Por que o Carlos Walter fala isso? Porque cada fruta traz uma riqueza, como um sorvete na nossa mesa, e que nem sempre nos damos conta de que está carregada de conhecimento de vários povos.

Valorizar a vida é valorizar esses saberes ancestrais. Valorizar esses saberes ancestrais significa valorizar a vida que está lá com e nos povos amazônicos, assim como no Nordeste do Brasil. A mensagem que procuramos passar por meio do "Pisar suavemente na Terra" é de uma luta constante contra essa política de morte, trazendo, sobretudo, a vida em suas múltiplas formas e facetas. Seja ela a vida dos humanos, seja a vida dos não humanos.

[1] É doutor em Estudos Culturais pela University of Wisconsin-Madison em 2019 e atualmente leciona na Universidade Estadual da Flórida, nos Estados Unidos. Produziu e dirigiu o longa documental *Beyond Fordlândia: An Environmental Account of Henry Ford's Adventure in the Amazon* (2018) e concentra sua pesquisa nos estudos sobre representações da Amazônia na literatura e no cinema brasileiros nos séculos XX e XXI. É criador e editor da Amazônia Latitude, revista digital sobre meio ambiente. Atualmente trabalha em um livro baseado em experiências filmando a região. *Pisar Suavemente na Terra* (2022) é seu segundo longa.

[2] https://pisarsuavementenaterra.com.br

[3] https://www.amazonialatitude.com/2022/06/09/para-entender-a-regiao-onde-dom-phillips-e-bruno-pereira-desapareceram/

[4] TOLEDO, Vitor; BARRERA-BASSOLS, Narciso. *A memória biocultural: a importância ecológica das sabedorias tradicionais*. São Paulo: Expressão Popular, 2015.

[5] https://www1.folha.uol.com.br/ilustrissima/2021/11/protestos-na-cop26-denunciam-bla-bla-bla-de-elites-que-vendem-salvacao-do-planeta.shtml

COZINHAS ANCESTRAIS:

Um caminho para a decolonização do prato

Marina Araújo

Preciso deixar registrado que ter um espaço para falar de cultura alimentar e de cozinha ancestral em momentos tão radicais que temos vivido é uma forma de adiar o fim do mundo, acredito.

Na minha jornada pessoal, eu tive oportunidade de estudar, de ir buscar técnicas e formas. Isso acontece com diversas profissões, mas, na área de alimentação, eu fiz o caminho para abastecer o mercado. Até que vem aquele momento em que você se depara com um vazio existencial, aquela sensação de banzo mesmo. Existe um vazio existencial de você estar longe de quem é, de não conseguir mais projetar coisas com aquela tela imaginativa de antes. Tudo perde um pouco mais de magia no caminho do mercado.

Como a gente coloca alimentação, como a gente gera isso, acaba saindo de milhares formas, em todas as nossas expressões. Eu acredito que a alimentação é um portal maravilhoso para a gente atravessar e alcançar reencontros. Primeiro conosco mesmos, com nossa ancestralidade, e fazer com que isso ecoe.

O movimento que é feito pelos indígenas da América do Norte e pelos vários colegas aqui que encontro, que também fazem pesquisas fora da casa da aldeia, para depois trazer para aldeia e, também, trazer para o quilombo, para o seu grupo de convívio, é uma forma que a gente encontrou de se encaixar no formato tradicional de aprendizado. Isto é valorizar, chegar a um lugar para conseguir dar valor àquilo que a gente pratica ou praticou, que os nossos ancestrais praticaram. Esse caminho é realmente poderoso e é um caminho perfeitamente legítimo, porém eu acredito que existem outros para fora da academia, para fora do que a gente encontra como padrão.

Fazer os caminhos não tradicionais é também um alerta contra a maneira como estão instituídos os meios da cultura alimentar, da pesquisa. E também uma possibilidade, para fazermos o reencontro com quem somos e nos sentirmos um pouco mais confortáveis nesse caminho do meio. Isso faz com que as nossas originalidades sejam aceitas e fiquem livres para se expressar, para que consigamos habitar os ambientes e continuar sendo, permitindo-se.

No meu caso, permitir-me cozinhar a minha comida simples, pilar a farinha, pilar a carne, fazer uso das técnicas simples, foi uma libertação. Mas, a gente só vai conseguir se apropriar disso com inteireza mesmo, chegar ao outro de forma legítima, se a gente fizer da forma mais coletiva possível. Então, eu acredito que a alimentação traz uma ferramenta extremamente poderosa para que esse encontro aconteça. Eu acho que, cada vez mais, a gente tem conseguido chegar a esse ponto de encontro.

Na nossa infância, houve momentos em a gente estava doente em casa, e os nossos pais, nossas mães, nossos cuidadores, nos colocaram numa cama, numa rede, num lugar aconchegante e fizeram um chá, uma sopa, um caldo de caridade, quaisquer cozinhados desses. Isso também é cozinha ancestral. Existe uma coisa que eu gosto de chamar de elástico da ancestralidade; mesmo se a gente não esticar, ele continua sendo um elástico. Então, à medida que a gente vai conhecendo os nossos e reconhecendo os nossos antepassados, os nossos ancestrais, quem veio antes de nós, vamos percebendo que essas práticas estão bem mais perto da gente do que se imagina.

É mais fácil decolonizar esse prato, decolonizar essa prática da medicina, do medicamento, do fármaco pelo fármaco, da desconsideração que a gente tem com as plantas, com as medicinas dos indígenas, da natureza. Por outro lado, o próprio alimento como comunhão, como momento de encontro, isso também cura. Então, a cozinha ancestral não é feita só por pesquisadores. A decolonização do prato não é feita só na hora que a gente vai teorizar sobre isso ou conversar sobre isso. Na verdade, são movimentos que podem estar no nosso dia a dia, incutidos nas nossas práticas diárias, nas nossas escolhas diárias. Então, deixar essa cozinha ancestral próxima da gente é o primeiro passo para a gente fazer o caminho mais para trás, o do reencontro.

Como disse Nurit Bensusan[1], o encontro se dá no convívio, na troca. Eu acho que a primeira coisa que a gente pode fazer nesse caminho é observar as práticas eurocêntricas colonizadoras que nos prendem, que estão ao nosso redor de forma prática. Tanto o alimento como a alimentação, tudo o que está em volta disso, envolve muitas práticas que aprisionam. Então, esse é o primeiro movimento, observar e reconhecer.

O segundo movimento pode ser, como falei, de se encontrar com as nossas ancestralidades mais próximas, mais diretas, se tivermos contato com elas, e dar para essas relações as importâncias que elas têm. Assim, faremos um caminho mais profundo, chegando às nossas raízes africanas. Lembrando que a África não é um país, é um continente com mais de 50 países. Então, eu posso ser um povo muçulmano que não tinha nenhum tipo de contato com azeite de dendê, uma coisa atribuída a qualquer africano ou qualquer comida africana.

Mas, eu acho que esse conceito nos prende ao ponto de nos paralisar. Esse não é o intuito. O intuito é que a gente consiga se sentir pertencido para conseguirmos trazer o sagrado que há dentro de nós para fora, o sagrado que há nas nossas linhagens, nas mulheres que vieram atrás de mim, nas mulheres que veem dentro de mim e que eu carrego até hoje.

Então, fazer esse movimento é observar quais são os tubérculos, o que é o inhame, o que é o inhame na cozinha africana, e trazer isso para nossa vida hoje. O inhame representa cura de diversas doenças para os africanos e para as mulheres africanas. O matriarcado na família, na cozinha, traz também outra reflexão muito poderosa: fazer esse movimento de forma consciente de que precisamos de um encontro com esse sagrado ancestral e de formas de reconhecimento, assim, conseguiremos, aos poucos, reconhecer-nos profundamente.

Ao estar diante do meu fogão, como já estive diversas vezes à frente de preparações, fazendo as minhas mágicas, vivendo os meus momentos de cozinhados, eu sabia que eu tinha de fazer aquilo, eu tinha que estar comendo aquilo, que era aquilo que eu tinha que comer. Então, assim, eu acredito que esse fazer também é um caminho de volta às ancestrais, das que vieram antes de mim, que essa mesma prática também fazia parte delas.

Não seremos totalmente desgarrados, não fomos totalmente desgarrados, existe uma coisa muito poderosa, que colonizador nenhum nunca vai poder apagar, que é a força do povo preto, que é a força da cultura negra. Com a resistência que temos, que evocamos diariamente, tanto nossa força como nossa cultura vão continuar se perpetuando, com certeza.

Quando pensamos em sair da perspectiva quadrada do mercado, não é permitido que a gente saia, efetivamente. Tentamos muito. O que eu faço diariamente, na minha cozinha e na pesquisa para a minha cozinha, é trazer o empoderamento ancestral com as minhas técnicas e com os meus sabores. Eu coloco isso na forma de fazer e de servir, mas, para isso, para esse momento chegar, foi necessária uma apropriação de mim mesma.

Lembro-me de que participei de um evento internacional com alguns chefes de cozinha em Portugal, onde eu morava. Foi muito difícil porque eu quis fazer um arroz de capote e de carneiro, ativando duas carnes originais da culinária africana com um preparo que eu passei um tempo para imaginar. Eu estava certa daquilo. Eu sabia de onde eram todos os temperos que iam naquele prato, todos aqueles sabores tinham origem. Eu pensava "isso, para mim, remete a uma casca de cajueiro, que traz um perfume diferente". Então, assim, tecnicamente, porque isso também é técnica, eu estava completamente apropriada do que eu ia fazer, do que eu ia servir.

Mas, quando eu cheguei lá, vi os outros dois participantes, dois chefs, dois homens brancos, foi um redemoinho na minha cabeça. Passou-se tudo como se eu estivesse na pele de todas aquelas mulheres que vieram para cá, compulsoriamente, me emocionei muito, e foi quando consegui me empoderar e me apropriar do que sou, porque afinal sou livre. Eu fui num canto, peguei as minhas guias, minha guia de Xangô, que se coloca no canto que vai rolar todas as pedreiras. Eu pensei assim: eu estou aqui fazendo uma comida importantíssima e ela tem um significado, tem um efeito que só experimentando para saber. Não vou privar essas pessoas disso.

Então, eu fui da completa negação à possibilidade de fazer um bem para aquelas pessoas. Eu tive um caminho antes, um percurso para me apropriar das minhas raízes, para me reconhecer como mulher preta, para reconhecer as especificidades da cozinha africana. Não foi da noite pro dia, precisei fazer um percurso de pertencimento. E naquele momento eu consegui cozinhar, consegui traduzir o que eu queria e acabei saindo destacadíssima desse encontro. Tudo isso para dizer que, lógico, o mercado não vai facilitar, sempre haverá críticas, formatos pré-determinados, rígidos e eurocêntricos. O que a gente não pode mais é silenciar e continuar no esquecimento, deixando que esses apagamentos nos cubram e nos impeçam de mostrar a riqueza das nossas culturas.

Para que isso aconteça, a educação é fundamental para que a gente acesse os conhecimentos, sem informações e dados falsos, para nos informar bem. Que a gente conheça a beleza de cada ingrediente, de cada técnica, que um pilão é fantástico, que ele tem poder, que ele tem magia e que aquele processo é vestido de vários outros. Assim, aquela força do pilão representa uma coisa, o que sobe quando você pila representa outra. Então, a educação é importantíssima porque há a necessidade, hoje, da gente espalhar esse conhecimento e esses sabores.

Então, hoje eu me vejo como uma defensora, sim, mas como uma propagadora da minha cozinha, da cozinha ancestral, da comida simples, que para mim não é simples, ela é complexa em vários níveis, mas ela é simples em si, na sua pureza. Ela não precisa de artefato nenhum para encantar e para alimentar, que é a coisa mais importante.

Fazer o processo de reconhecimento é fundamental para que hoje a gente consiga deixar esse "espírito de vira-lata" de lado, essa vontade de ficar escondido, e se apropriar da nossa cultura, do que é nosso. Como diz Mateus Tremembé, a gente está aqui para brotar. Hoje, vejo que o prato é uma forma maravilhosa de plantar dentro da gente as coisas que nós somos e que estão ali do lado, fáceis, só é preciso despertar.

A família iorubá tradicional, que é o povo com o qual eu mais me identifico, os iorubás, é tradicionalmente matriarcal, assim como muitas famílias da África ocidental. Além disso, as mulheres são as lideranças em diversos espaços: na cozinha, nas conversas, nas trocas, nas decisões de grupo de caça. Foi assim durante muito tempo. Então, devolver a importância histórica dessas mulheres, mais do que legítimo, é, para mim, o único caminho possível para salvar a cultura alimentar. Reconhecer essa ancestralidade é uma forma de a gente atribuir importância histórica a esse tipo de cozinha, ao fazer alimentar trazido por essas famílias e colocado em rituais. Isso se aproxima da importância das mulheres na aldeia. Apropriar-se disso também é um caminho que tem muito valor.

Então, como olhar para o prato da cozinha ancestral e não o engolir simplesmente? Como entender que ele está ali para nos servir? É se reconectar com o fazer desse alimento, com o produto contido nesse alimento, com a história que ele detém, com as formas de cultivo e as formas de produção.

É preciso saber exatamente como se faz cada item que se coloca na cozinha? Cada item não, seria interessante, mas é suficiente se apropriar pelo menos um pouco da nossa cultura local. Isto é, saber quais são as tipologias alimentares da nossa terra. Por que o queijo coalho é tão importante para nós? Por causa da cultura leiteira que temos aqui, que é fortíssima. O sertanejo é figura importantíssima aqui no estado do Ceará, então assim caminhamos, é urgente fazer esses reconhecimentos. Estudar, abrir os olhos para o que está tão próximo da gente é a forma mais simples para soltar os véus do esquecimento que estão nos prendendo. As formas de comer são tão plásticas quanto frívolas e se dedicar ao que é um alimento, como foi pensado e tudo mais, é também se apropriar da cultura local.

O papel da mídia é fundamental, porque a gente encontra aí a possibilidade de a cultura fazer o papel que vem fazendo, cada vez mais,

diante do que a gente vem ofertando para as pessoas como forma de entretenimento. É fundamental, também, que haja, cada vez mais, movimentos tanto de pesquisa, que são muito importantes, quanto de difusão dessas comidas e da cultura alimentar como uma forma possível de se alimentar. Não é que a gente precise plantar mandioca para ser legítimo comer aquela mandioca, não. A gente tem que fazer com que as pessoas entendam que é acessível, que é mais barato comprar seriguela do que morango, que o caju é mais barato do que o kiwi.

Nós precisamos nos apropriar desses sabores, provar isso e reencontrar a ancestralidade em tudo. A mídia tem bastante inserção hoje nas vidas das pessoas, principalmente das crianças e dos adolescentes, que estão fixados nas telas. Por isso, é fundamental para a difusão da cultura alimentar.

Nós, enquanto pessoas à frente das cozinhas e, querendo ou não, formando algum tipo de opinião, eu, por exemplo, estou à frente agora de um equipamento público, temos que trazer esses debates. Trazer os produtores do alimento ancestral para contarem suas histórias, para eles fazerem parte dos debates, das discussões de outras Secretarias, de outros tipos de articulações. Isso para que a gente consiga, efetivamente, ter os produtos dessa cultura alimentar nas prateleiras, disponíveis à compra.

Existe no Ceará um azeite de lagosta, mas onde é que a gente vai comprar esse azeite de lagosta? Caso vocês possam comprar, está à venda no Fartura, dentro da Estação das Artes, um equipamento público da Secretaria de Cultura do Ceará. Estão todos convidados a conhecer o azeite de lagosta. Então, assim é que nós alargamos as possibilidades, no braço mesmo.

Uma das nossas cozinhas, que está lá no Fartura, é do Mercado Alimento CE, com cozinheiros da comunidade do Moura Brasil, que é uma comunidade ao lado do Complexo Cultural do Ceará. Nós fomos fazer o chamamento dos cozinheiros e veio uma confeiteira. Então, na escolha do cardápio, ela fez a escolha por doces totalmente sensuais, incríveis. Ela falou várias coisas que ela queria colocar, geleia de morango, geleia de frutas vermelhas. Eu falei: vamos fazer outras ideias, vamos desconstruir, vamos fazer uma geleia de cajá, vamos fazer uma geleia de seriguela, uma de goiaba. E ela: não, mas como que eu faço uma geleia de cajá? Eu disse:

do mesmo jeito que tu faz a geleia de morango, é a mesma coisa. É bem mais simples do que imaginamos.

Então, a gente tem que desconstruir, ver que não é um "bicho de sete cabeças". A gente vai se deparar com essas coisas. A gente tem que desconstruir mesmo e, aos poucos, trazer essas luzes para esses lugares.

Eu adoro morangos, mas se forem produzidos aqui em Guaramiranga, que é tão próxima da gente e que faz parte de uma cultura que já existe ali. E lutar pela valorização da cultura alimentar é isso, escolher o que colocar no meu prato é uma ação política, comer é político, comprar o alimento de pôr a mesa é político. Qualquer ação que você faça em relação a alimento pode ser política e ela deve ser porque somos seres políticos.

Nós, como difusores dessa gastronomia, desses produtos, desses espaços e desses pequenos coletivos de agricultores, precisamos furar as bolhas e oferecer os ingredientes não usuais. Nós temos acesso a uma quantidade absurda de ingredientes e de insumos que não estão nas prateleiras. Precisamos fazer a ponte para os cozinheiros que estão ali na linha de frente, diretamente ligados ao mercado, para validar esses ingredientes e seus produtores. Por mais que não seja uma forma tão poética, ela é muito efetiva. Se você botar na mão de um cozinheiro desses, das grandes metrópoles, que fala outras línguas ou o português com sotaque, que apresentam programas, o óleo de batiputá, por exemplo, isso vai começar a ser falado. Então, esse é sim um caminho.

Eu posso escolher o que comer, mas essa discussão toca na soberania alimentar, que é muito delicada, é um problema estrutural, um caso de saúde pública também, é um problema muito profundo. Mas imaginando que você pode, sim, escolher o que comer, você deve escolher o que comer. Quem tem acesso a essa coisa mágica do privilégio da escolha tem uma responsabilidade imensa. Meu tio, Jackson Araújo, é um grande pesquisador, mas de uma área completamente diferente, a moda, a qual também se relaciona com a comida em alguns aspectos. Ele diz que, quanto maior o privilégio, maiores as responsabilidades. Então, a gente pode e deve escolher o que comer, é fundamental escolher o que comer pensando com a cabeça, com o corpo e com os membros, entendendo quais são os impactos dessa escolha, que podem ser enormes.

Imagina uma caixa dessas de morangos, você compra, três são usados e vinte e quatro mofam. Então, você compra uma lata de seriguela, dura um mês. Você come e ela não acaba. Vejam, fazer essa escolha é inclusive mais econômico. Você que tem o poder, a escolha pode ajudar a muitos, ao seu redor e a outros ambientes. Mas, se você não pode escolher, nesse caso, o trabalho é uma avalanche de processos e de mudanças que precisam acontecer.

Um movimento importante é o que se dá nos momentos de rememorar. Eu tenho pouquíssimas lembranças da minha infância. E, às vezes, eu faço um esforço tremendo para conseguir lembrar. Minha mãe já é desencarnada. Ela cozinhava. Eu faço um esforço tremendo para lembrar quais temperos ela utilizava, como ela mexia a panela. Daí, vem uma lembrança.

O movimento de fazer esse reconhecimento da memória como importante item para se apropriar desses fazeres e transmiti-los é importante. A memória tem poder. A partir do momento que a gente consegue entender isso e transpor para os nossos agregados, os nossos comensais, e para a comunidade que está ao nosso entorno, tudo isso é transmitido. Assim, vai-se resgatando essas relações mais parecidas com as que tínhamos quando criança ou com as de quando nossas mães e pais eram crianças.

Essas memórias têm sua validade. O significado desses momentos é tão importante, que você escolhe a memória, lembra dela, vai decantando, e consegue trazer o amargo e o doce. Então, você consegue transpor esses sabores num prato que representa algo significativo. A comida é exatamente a gente pegar todas as sensações e transformar em algo para alimentar alguém. Nada mais bonito do que a gente se apropriar do que a gente viveu, ou dos que nossos ancestrais viveram e transformar aquilo em alimento. Decolonizar o prato também é habitá-lo com memórias, com histórias, com lutas.

---

[1] Cartas para Ailton.

A IDENTIDADE DA CULTURA ALIMENTAR E A TRADIÇÃO INDÍGENA

Mateus Tremembé

Para que a gente possa se conectar, para que a gente possa fazer uma reflexão sobre a importância de olhar para o alimento não somente como um prato, mas também como um caminho possível a ser construído, é necessária a conexão com a Mãe Terra, com os animais, com as plantas, com os troncos-velho, os encantados, com o passado e com o presente, mas olhando para o futuro.

Há um canto, que faz um chamado para o Criador, que diz assim:

Meu Pai Tupã estou aqui,
meu Pai Tupã estou aqui.
Ô dai-nos força para nós curar,
ô dai-nos força para nós lutar,
ô dai-nos força para nós curar,
ô dai-nos força para nós lutar.

Esse canto, dentre tantas outras saudações aos encantados, conecta-nos ao Pai Tupã, à Mãe Terra, à ancestralidade, aos animais da aldeia, ao poder das ervas, às gerações que já passaram, às que virão. Para o povo Tremembé da Barra do Mundaú, o alimento é a conexão com tudo isso, pois representa a identidade e a cultura ancestral dos nossos troncos-velho e encantados.

Eu sou filho de uma família de agricultores/as e pescadores/as, pessoas que se relacionam com a Mãe Terra, e que também se relacionam com a encantaria e com as práticas da cultura alimentar ancestral.

A possibilidade de cursar agronomia e ser pesquisador da cultura alimentar Tremembé me proporcionou um olhar sobre a necessidade de ampliar e de pensar a transmissão do conhecimento junto com os meus parentes no território. Isso me levou à construção de um diálogo com as lideranças sobre as necessidades de sistematizar os saberes da terra e, também, sobre a importância de construir momentos de práticas entre as gerações. Isso para que esse conhecimento não se perdesse.

Eu acho que a cultura alimentar, além de perpassar por veredas da identidade, da ancestralidade, também é um momento de encontro coletivo, por exemplo, a farinhada. Quando a gente vai para a universidade, fala de farinha como um produto, não fala de farinha como um encontro, não fala de farinha como uma prática ancestral, não fala de farinha como uma possibilidade de se conectar com a Mãe Terra, por meio de uma planta tão importante, a mandioca. Há variedades que são passadas de geração para geração, mas não se fala disso na universidade.

Eu digo que vou ser doutor duas vezes no futuro, porque, no meu território, a gente aprende, desde criança, que a gente é doutor, a gente aprende como se planta, a gente aprende dia certo de plantar, qual a lua certa. A gente aprende o horário certo e a época certa. Na aldeia a gente aprende também como fazer farinha, e não só como fazer farinha, mas como plantar a mandioca e como cuidar. A gente aprende quantas capinas[1] tem que dar, o dia certo de fazer.

Além disso, a gente aprende na aldeia a desconstruir e descolonizar o pensamento de que a cultura alimentar é só um prato de comida que já vem pronto. Se a gente souber o caminho do alimento até chegar no prato, talvez a gente valorize quem o produz, talvez a gente olhe um pouco mais para o passado e a importância que tem os nossos troncos-velho; hoje muitos estão encantados, são espíritos que nos orientam também.

Fico feliz quando falamos da continuidade e da transmissão dos saberes e sabores ancestrais da nossa cultura alimentar indígena, pois somos convidados a refletir sobre a sua importância e como ela nos identifica enquanto povo. Nesse sentido, as juventudes indígena do Ceará estão planejando construir o primeiro intercâmbio da cultura alimentar indígena do Ceará em 2023. Isso me emociona, deixa-me feliz, porque é um momento de trocar experiências entre diferentes povos indígenas sobre algo que é fundamental, a nossa vida. Não é só Cultura viva, mas é também a continuidade, a renovação da resistência dentro de um território, olhando não só para aquilo que é material, mas para aquilo que é imaterial, o que é sagrado para nós, o que nos identifica enquanto povo, o saber-fazer que não está nos livros, mas está na prática, na vivência, na ciência de se conectar com as raízes, e também com as cascas de pau.

Em um encontro da juventude indígena do Ceará, dialogamos sobre a academia ser um espaço que queremos aldear, assim como a política. Nós precisamos aldear os espaços acadêmicos para que eles sejam uma ferramenta que possibilite não só o fortalecimento e a valorização dos nossos saberes, mas também para garantir que as futuras gerações tenham suas histórias contadas por seus pesquisadores indígenas que se preocupam com isso, assim como eu e tantos outros.

Por outro lado, é um desafio ir para a academia e voltar para o território, pois necessitamos, sobretudo, garantir a nossa permanência. Mas quando vamos ao ritual, escutamos um tronco-velho, um encantado, e ele diz assim: "Você é o que você come, então precisa comer o que é da aldeia". Mas, para continuar comendo o que a gente tem na aldeia, você precisa sair da aldeia e ir para a academia pensar como usar as tecnologias para produzir alimento e garantir a continuidade.

Então, a academia fala de mercado, fala de economia, fala de muitas outras coisas que são temas importantes para o mundo atual, mas que, para nós, enquanto povo tradicional no território, também é um meio de a gente entender como o sistema quer nos engolir, como o sistema quer industrializar tudo o que para a gente é sagrado. Ele quer industrializar as nossas bebidas ancestrais do ritual, quer industrializar os nossos artesanatos e, muitas vezes, quer monopolizar a nossa cultura alimentar, os nossos saberes, usando-os como referências. Mas, a gente sabe que isso também é uma apropriação da nossa cultura, precisamos alertar os nossos e a academia possibilitou isso.

Nós criamos na aldeia em 2020, durante a pandemia da Covid-19, um projeto chamado Cultura de Alimentar Aldeia, porque a gente queria que a aldeia discutisse o alimento como cultura, como identidade, como um caminho possível de resistência e de continuidade dentro do território. Então, a gente dialogou sobre como devemos plantar e também como realizar a pesca artesanal, não como algo superficial, mas como algo prático.

Muitos perguntam: mas, tu sabe jogar um tarrafa? Eu aprendi na tora, na marra[2]. Eu jogo uma tarrafa, talvez não pegue muito peixe, mas eu jogo a tarrafa, que é uma arte sagrada. Meu pai é pescador desde os doze anos de idade e fala da pesca como algo que eu nunca ouvi, que o mar tem seus mistérios e tem os dias certos para você ir lá e conversar com ele para que ele lhe dê peixe. Eu nunca vi os meus parentes chegando do mar sem um peixe para comer, porque vai no dia certo, na hora certa, e tem o respeito pela Mãe Terra e pelas águas.

Recentemente construímos na aldeia o inventário da cultura alimentar. O processo foi construído pelas juventudes e lideranças, na qual sistematizamos os saberes, os sabores, a partir de seus olhares sobre cultura alimentar. Esses olhares sobre isso são sagrados porque são terra e água, portanto, são Natureza. Durante a construção do inventário se deram algumas reflexões sobre como seria feita a sistematização e o que seria incluído, isso demonstra tanto um empoderamento quanto uma necessidade de a gente ampliar o debate sobre patrimônio cultural indígena.

Como se garante esse processo para descolonizar o pensamento de que só quem escreve sobre a gente é quem vem de fora?

Durante a construção do inventário da cultura alimentar Tremembé a medicina tradicional entrou em debate, pois os troncos-velho queriam colocá-la como cultura alimentar, como alimento, não só espiritual, mas também físico. Os troncos-velho defendem que uma garrafada feita de uma planta é um alimento para o corpo que está doente, que o mel de caju é um alimento porque não só cura, mas também dá resistência, traz ao corpo as vitaminas necessárias para o dia. O mesmo para o mel da abelha e para o mel de plantas. Assim, fizeram uma defesa linda, os troncos-velho. Quando esse tema foi dialogado no coletivo, os jovens fizeram outra defesa mais linda ainda, porque eles foram fazer.

Nós, que estamos na academia, temos a responsabilidade de construir um diálogo entre campo e cidade para que os meios de comunicação e os espaços institucionais sejam ocupados por nós, falando de nós sobre nós, mas levando também uma reflexão sobre a possibilidade de quem está na cidade ir conhecer o que acontece lá, na aldeia, e conhecer, sobretudo, o impacto de quem está aqui sobre quem está lá. Faz-se muitas coisas que, para nós, são muito ruins, podendo, inclusive, acabar com isso tudo que a gente está falando. A cultura alimentar é tão poderosa, tão encantadora, tão próspera, mas pode um dia deixar de existir se a cidade, sobretudo o capitalismo, continuar querendo nos tirar tudo que é de direito: saberes e fazeres da terra e da água.

Nós não queremos o que é de vocês, mas por que vocês querem tanto o que é nosso? Nós estamos na academia, nos espaços políticos e de decisão para dizer isso. Não é tudo que vocês estão falando que é verdade sobre a gente, mas muito do que vocês estão falando é preciso ser dito e a gente está aqui para dizer a nossa versão, sobretudo para escrever do jeito que a gente acha que os nossos vão também compreender. Porque não adianta escrever sobre nós e não parecer com a gente. Depois é que a gente vai olhar. Nós precisamos falar de nós do nosso jeito. Então, a oralidade é muito importante e, em nossos territórios, é algo que acontece naturalmente.

Lembro-me de que meu pai, um dia, chegou do mar e trouxe muitos peixes que foram secos no mar, que foram escalados[3]. Para melhor entender, o peixe seco é espetado numa vara, e, para poder comer, é preciso colocar dentro d'água e esperar umas duas horas. Assim, tira-se um pouco do sal, mas o peixe ainda fica salgado. Então, pegou-se goma e fez-se o grolado para comer com o peixe assado. Um dia eu perguntei onde ele aprendeu aquilo, por que era tão salgado. Se ele não levou sal para o mar, salgou com a água do mar.

Meu pai aprendeu com o pai dele, que lhe contou ser essa uma prática dos nossos ancestrais. Ele sempre foi pescador, nossa família sempre foi do mar, nós nascemos para as águas. Certa vez, perguntei ao meu pai: eu sou das águas? Ele falou: não, você não é das águas. Isso me marcou por muito tempo. Eu estou falando isso porque eu acho que isso é conexão ancestral com seus próprios troncos.

Outra vez, o meu avô contou que, quando ele era jovem, ele foi pescar no mar. Ele pescando ouviu uma música nas águas, um soar, uma cantiga, debaixo da jangada. E ficou ali ouvindo, na imensidão azul, quando fechou e abriu o olho, viu várias crianças nadando ao redor da jangada. Elas cantavam uma música e elas falaram para ele a seguinte frase: "Leo, nós somos também daquele tempo, mas nós somos também de hoje. Nós estamos aqui".

Certa vez, fui ao mangue pescar, à noite, sozinho. Sou medroso, mas eu fui para provar que eu também tenho coragem e aí nesse caminhar um encantado me acompanhou e a gente foi conversando. E ele foi contando como que a gente fazia antes de chegar no nosso território de hoje, andando pela praia em busca de água. Eu perguntei como que faltava água, faltava comida, se aqui é tão farto. Ele falou que teve um tempo no qual a gente não encontrava comida. A comida estava lá, mas a gente não conseguia encontrar. A gente saía procurando entre Almofala e a Barra do Mundaú. Depois, descia para o Maranhão e rodava o litoral todo em busca de água e comida.

O encantado falou que esse caranguejo existiu, mas a gente não tinha acesso. Porém, certo dia, a gente enxergou. Nós não conseguimos ver o peixe no mar. Vivíamos uma fome que a gente não conseguia curar. No entanto, um dia no ritual nossos encantados — nossos antepassados já tinham encantados num tempo muito remoto — contaram histórias e se tornou possível enxergar os caranguejos e os peixes nas águas. O encantado, então, disse-me que desde então começou a vir na cabeça dele as orações.

A nossa oração diz que:

Nós, Tremembé, acreditamos,
Em Deus que é nosso pai Tupã,
Na terra que é nossa mãe,
Na mata que é nossa vida,
Na luz e na estrela que são nossas energias,
No sol que é nossa luz,
No trovão e no relâmpago que são nossas previsões,
Nas pedras e nos astros que são nossas armas,
No fogo que é nossa visão e em toda a atmosfera.
Vivemos da força da Terra que nos dá energia para lutar
[e vencer as nossas batalhas,
Por isso somos povo da luta, por isso somos povo Tremembé.
Assim seja!

Essa oração passa por todo o território e você se encontra com todos os nossos ancestrais. Se eu vou tomar banho em uma lagoa, eu tenho a possibilidade de pegar o cará para comer; se eu vou para uma praia, eu pego outro tipo de peixe; se eu for para o mangue, eu pego o aratu. Mas não somente para pescar, eu também me relaciono com meus encantados. A gente conversa na agricultura da mesma forma. Numa casa de farinha, em uma roda de raspar a mandioca, a vida de todo o território é narrada. Isso é tradição, é cultura, mas é também uma forma de se expressar a espiritualidade. Os rituais possibilitam isso, a cultura possibilita isso e tudo isso é conexão com o território.

Um dia eu escutei um tronco-velho dizer que é muito feio a gente ter terra, ter água, ter peixe, ter todos os conhecimentos que eles têm, a sabedoria, e não aproveitar isso para alguma coisa. Você pode ser doutor, Mateus, um dia, mas você vai ser um doutor que sabe fazer as coisas. Se um dia nada der certo lá fora, você tem para onde voltar. Você vai, mas você volta, tem que ensinar todo mundo a fazer tudo, porque isso aqui é a nossa vida, lá é somente uma passada, somente uma caminhada. Você tem data e hora certa para voltar. Você sabe onde é o seu lugar, então é esse saber de onde nós somos que nos faz entender que a cultura alimentar não é só um prato de comida a ser engolido. Ela é também uma vereda a ser caminhada por quem ainda vai vir e por nós que estamos aqui. Isso só se faz com respeito à Mãe Terra, aos saberes, a quem faz cultura alimentar, a quem prepara o alimento também.

Nós temos o parente Ailton Krenak trilhando caminhos longevos e possibilitando que nós, daqui a pouco, possamos acompanhá-lo nessa vereda que ele está construindo e do mesmo modo, Fabiano Piúba, à frente da Secretaria de Cultura do Ceará; a partir de seu compromisso conosco, povos indígenas, nós temos conseguido encaminhar políticas públicas que possibilitam também trabalhar o tema da cultura alimentar. A exemplo disso, há o Prêmio de Cultura Indígena, que possibilitou um debate de formação com jovens indígenas.

Não disputo vaga de pesquisador da academia, eu acho muito bonito quem tem essa ambição. Um dia fui perguntado se eu queria ser pesquisador da Universidade onde curso Agronomia, a UNILAB. Não tenho pesquisa na UNILAB, as minhas pesquisas são em outras universidades. Não porque lá a gente não tenha ocupado espaços de discussão com o tema da cultura alimentar. Discuto, inclusive, a ida do curso de agronomia para dentro do território indígena. Porém, na UNILAB, eu carrego a responsabilidade de conscientizar os professores sobre a importância de ouvir os demais estudantes indígenas das etnias que estão lá dentro e da importância de possibilitar que mais estudantes entrem nessa Universidade.

Por outro lado, o curso de agronomia da UNILAB é de base agroecológica, dialoga com a agricultura familiar. Orgulho-me de estar naquela Universidade, num curso que reúne a cultura dos povos originários, dos povos tradicionais e dos países de língua portuguesa, dos irmãos africanos, que possibilita trocar experiências e saberes. Isso possibilita também a construção de um projeto de futuro alternativo à ameaça tanto da industrialização dos nossos alimentos quanto da chegada dos alimentos industrializados em nosso território. Cabe a nós construir caminhos possíveis de serem trilhados nas futuras gerações.

Como surgiu o projeto Cultura de Alimentar a Aldeia? O encantado falou comigo: "Eu acho que agora chegou a hora da gente conversar não só sobre plantio, não só sobre semente, mas sobre comer, sobre continuar comendo bem". Esse encantado chegou, sentou-se e continuou: "Eu queria que você fizesse um projeto". Eu não tinha uma escrita especializada, mas o encantado disse que ajudaria. Eu fiquei em dúvida, como ele faria? Ele disse para eu fazer o que ele dissesse.

Eu acendi um cachimbo e ficamos conversando ali por horas. Ele disse: "Ligue esse bicho aí em cima da mesa, esse negócio aí que você tem". Então, começamos a escrever o Cultura de Alimentar a Aldeia. Falamos da agricultura, falamos da farinhada, com muito otimismo, falamos da mandioca, da batata, da cana, da banana, da manga. Ele citou o murici, o batiputá. Eu disse que queria, daqui a cem anos, continuar discutindo esse assunto. Perguntei se seria encantado igual a ele, a resposta foi: "Se você merecer, será um encantado".

Antes de ir embora, o encantado disse que viria outro encantado outro dia, lá do mar, para ajudar a construir o restante do projeto que faltava sobre a água. Eu gosto da terra, ele gosta mais da água. Noutro dia, chegou outro encantado e eu me lembro da imagem assim, é um negócio incrível de lindo. Ele falou do mar, dos encantos do mar e das espécies de peixe. Isso é verdade, só não teve a oportunidade de ver quem nunca teve a grandeza de ouvir um tronco-velho falando. É preciso ter paciência e sabedoria para escutar um encantado.

Então, os encantados e eu construímos o projeto. Eles disseram para eu enviar o projeto que seria aprovado e foi. Nós, Tremembé da Barra do Mundaú, já estamos com a segunda edição do Cultura de Alimentar a Aldeia. Nós temos áreas de plantios coletivos, então, os encantados chegaram e disseram que queriam o ritual para a gente provar essa comida. Além disso, disseram também que nós, os vivos, deveríamos falar tanto deles quanto dos troncos-velho, assim ensinaram a falar não só de quem morreu. Isso porque os encantados não se consideram mais importantes do que os vivos. Alertaram, por fim, sobre o dever de ensinar os saberes da terra e da água porque, um dia, os vivos serão como os encantados e terão que ser respeitados. O respeito se conquista, constrói-se em coletivo, não se compra, não se arranja nem se pede emprestado.

Nesse caminho, a gente construiu o ritual do alimento ancestral graças às conexões de dentro da aldeia como a de fora, que é, inclusive, a que impulsiona e que constrói a possibilidade de realizar o diálogo entre quem está fora e nós no território indígena.

Nós falamos na aldeia que somos os brolhos[4] da terra. O nome da nossa escola é Escola Indígena Brolhos da Terra, e, para construir esse debate de brolhos da terra, um tronco-velho disse:

> *ó, a gente somos troncos, mas nós tivemos nossos galhos cortados, nossos ramos retirados, só que eles esqueceram de arrancar nossas raízes, e se nós somos tronco, vocês tão brotando de nós e vocês serão mais fortes do que nós [...] a geração de vocês precisa ser mais forte porque vocês estão vindo de nós, um tronco seguro, um tronco de sabedoria, ciente, um tronco que domina a espiritualidade, que domina a pesca, que domina a agricultura, e é muito ruim a gente não lembrar que vocês são abrolhos.*

Por isso o nome da escola, por isso eu sou um broto da terra, estou brotando como muitos jovens do território e a gente já está dando frutos. Hoje a gente dá umas podadas de alguns galhos para que eles cresçam mais fortes e, às vezes, acontece comigo, os encantados fazem isso comigo.

A respeito da transmissão do conhecimento, a gente tem feito um debate lá na aldeia na Barra do Mundaú, estamos tentando levá-lo para o movimento estadual, que é a importância de termos uma disciplina de Cultura Alimentar. Esse é um desafio muito grande porque envolve prática, não é só leitura, não é teoria, tem que ter prática. Ninguém aprende a saber fazer lendo, a gente aprende saber fazer praticando, conversando, construindo e em coletivo para que seja a cultura de um povo, e esse debate da educação a gente ainda precisa ampliar muito. Há um processo iniciado, mas a gente acaba tendo de aceitar ou acaba achando mais fácil o sistema escolar que vem de cima para baixo e acaba também se adaptando a esse sistema.

Eu tenho visto isso e a gente tem tentado fazer uma crítica ou mesmo uma autocrítica, porque muitos dos nossos indígenas acabam naturalizando a educação como somente um meio de partilhar o conhecimento convencional[5] de fora. O conhecimento tradicional, que, na verdade, seria a base da educação indígena, está presente, mas deveria ser mais direto, mais enfático. É preciso compreender a educação como transmissão das culturas tradicionais do nosso estado.

Eu ouvi mestres indígenas fazendo uma crítica muito forte à juventude indígena, sobre os caminhos e as escolhas feitas por ela. Eu acho que esses caminhos, que essas escolhas são fruto daquilo que é colocado à disposição dessas gerações. As novas tecnologias de comunicação estão aí, mas como elas têm sido ofertadas? Como elas também podem ser ofertadas, inclusive, como uma ferramenta que possibilita intensificar a transmissão e a valorização da cultura?

Há um processo acontecendo nesse sentido, mas precisa ser ampliado para que essa tecnologia seja também uma ferramenta potente. Eu acho que criticar uma geração, que futuramente será liderança nos territórios, só pela crítica e não por uma construção, é muito ruim porque a gente, os indígenas, se perde no tempo e no espaço. Eu sou um jovem que acredita no nosso trabalho de juventude como algo que possibilitará sermos lideranças tradicionais um dia. Nós precisamos começar a transformar essa crítica também em resultado construtivo, não somente em fala, mas em ação propositiva.

Estamos no momento de desconstruir estereótipos. Existem mulheres pescadoras no meu território, inclusive na Barra do Mundaú. Acredito que em Almofala, outro território Tremembé, há também mulheres pescadoras. Eu acredito que noutros territórios haja a possibilidade de ter a pesca como tradição e como meio de sobrevivência. Talvez, deva-se visibilizar essas mulheres, que são invisibilizadas no mundo do patriarcado, no qual, infelizmente, o sistema de comunicação acaba mostrando só o que o homem faz e com o que contribui.

A gente sabe que a contribuição da mulher é importante. No meu território, no município de Itapipoca, por exemplo, as lideranças são duas mulheres. Elas inspiram outra lógica de ver a questão de gênero. Na escola indígena, no nosso território, desde a sua fundação, a mulher sempre esteve à frente, como também no centro infantil, na equipe de saúde, no nosso grupo de jovens. Em todos esses espaços, as mulheres sempre estiveram em lugares de destaque.

Eu queria dizer que a cultura alimentar, a conexão com os encantados, com a terra e a água do território indígena para fora da aldeia, a defesa disso na Universidade, a luta para que mais jovens indígenas ocupem a academia, ocupem espaços institucionais, tudo isso que a gente está falando aqui está próximo do que é descrito no livro *Ideias para adiar o fim do mundo*, de Ailton Krenak.

No que se refere à propagação da cultura alimentar, eu acho que a gente tem que defender as mídias alternativas. Nós falando sobre nós com os nossos. Se a gente perde os nossos, a coisa fica um pouco mais difícil. Eu acho também que temos muitos parceiros que se colocam à disposição, falo no caso das organizações do movimento indígena estadual, a Articulação das Mulheres Indígenas do Ceará (Amice), a Coordenação de Juventude Indígena do Ceará (Cojice), a Organização dos Professores Indígenas do Ceará (Oprince) e a Federação dos Povos Indígenas do Ceará.

Todas essas organizações que têm suas redes sociais e que têm realizado processos formativos em comunicação para sua juventude, para que elas se empoderem dessas tecnologias. Agora, a gente está também tentando levar a pauta da cultura alimentar como algo essencial ao ser indígena. Eu fiz algumas visitas em alguns territórios a convite de lideranças, é claro que não como avaliador porque isso não cabe a mim. O tema da cultura alimentar não apareceu nesses territórios, a gente se preocupou porque o debate desse tema precisa ser feito lá também.

Precisamos construir um novo movimento. Acho que a gente tem se organizado e olhado muito para o novo sentido de comunicar numa linguagem mais popular, porque o tema da cultura alimentar, talvez, demore um pouco para aparecer na mídia convencional. A Gastronomia sempre vai ter esse espaço porque ela dialoga com o mercado, com a economia, é um negócio do outro, é um outro nível, mas que depende do nosso na produção do alimento.

A gente tem um movimento sendo construído por cozinheiros e cozinheiras da Gastronomia que tem possibilitado, em alguns espaços, ofertar produtos e insumos da sociobiodiversidade de territórios indígenas, claro, trazendo o povo indígena para falar sobre seus territórios, sobre esses produtos, de como eles são produzidos, sobre a responsabilidade ambiental envolvida nisso tudo, trazendo, portanto, a voz das tradições de onde esses produtos e insumos saem.

Acho que a gente precisa construir caminhos para que esses produtos e insumos cheguem até quem mora na cidade, para que essas pessoas também conheçam o óleo do batibutá, que elas conheçam o murici. Interessante, a gente faz a festa do murici, que é uma fruta deliciosa, só não se gosta do cheiro do murici. Quando pergunto aos convidados: "Já comeu murici?". Frequentemente, a pessoa diz: "Não, nunca comi, mas o cheiro, não é?". Eu conheço gente para quem perguntei se já tinha visto um pé de murici, se já tinha comido, que respondeu não ter visto, nunca ter provado e a justificativa disso era o forte cheiro dessa fruta. Não tem coisa melhor, pelo menos para mim, do que sentir o cheiro forte do murici na colheita e juntar o murici mole do pé e comer.

Para finalizar, lembrei-me de um canto que diz muito sobre tudo isso. Que não é sozinho, mas é junto, que não é só eu, é nós, que não é eu, é território, que é uma saudação aos encantados. Eu me lembro de quando plantei feijão pela primeira vez. O pai falava que eram quatro caroços. Eu falava por que quatro, se cinco é melhor, para que quatro, se dez é melhor. Eu fazia só jogar com a mão cheia. Essa memória é boa, não para plantar o feijão, mas para dizer que nós somos melhor do que eu.

Não tem rio que eu não atravesse
Não tem caminho que nós não ande
Não tem pau que eu não arranque
Não tem pedra que nós não quebre
Não tem mal que nós não cure
Viemos lá da cachoeira
com a força da Natureza
os encantados nos mandou
viemos aqui fazer limpeza

Que assim seja, que a gente possa ter limpado nossos pensamentos.

---

[1] Arrancar vegetação rasteira com enxada, instrumento agrícola, até a colheita.

[2] Sem ajuda, sozinho, por repetição e imitação.

[3] Cortes longitudinais no corpo do peixe, ou de qualquer outro animal, nos quais se coloca sal a gosto para fim alimentar.

[4] Conceito nativo que contém o sentido do verbo brotar.

[5] Refere-se à Base Nacional Comum Curricular (BNCC).

PRETAGOGIA: UM CAMINHO À DANÇA DA ANCESTRALIDADE

Sandra Haydée Petit

Meu nome é Sandra Petit, sou de uma pequena família negra caribenha cubano-haitiana. Morei muito tempo na Suécia, na França e, também, aqui no Brasil, onde eu resido há muito mais tempo. Isso me permite perceber que, para o mundo ter jeito, é preciso ser mais negro e mais indígena; eu posso dizer isso por vivência. E o que é ser mais negro e mais indígena? Vou escolher referir-me aqui à negritude, que entendo melhor, mas me permito pontuar algo que as culturas negras e indígenas têm em comum: acreditar na ancestralidade e na relação que vai para além do ser humano.

Nós temos um corpo que é altar sagrado, que nós precisamos cuidar. Precisamos cuidar de nós mesmos/as, cuidar dos outros, das outras. Esse cuidado também é uma forma de estar no mundo, de permitir esse corpo se expressar, porque a expressão do corpo, a comunicação dele, eu aprendi, ao longo de muitos anos, que esse tipo de comunicação é fundamental para a vida (PETIT, 2015).

Nesse sentido, a comunicação, como ato de relacionamento, é necessária para que nós possamos nos perceber como parte de algo maior porque nós não estamos sozinhas ou sozinhos. O mundo é cheio de viventes, nós somos viventes, as árvores, o mar, a água, as estrelas, todos os astros, os animais, os outros animais, porque biologicamente falando, também somos animais (AMABIS; RODRIGUES, 2018).

Então somos viventes, e como tais nos comunicamos com os demais seres. Isso eu acho que é muito importante, pois eu morei em um país onde as pessoas vivem muito solitariamente, onde uma modernidade ao mesmo tempo perfeita e perversa esvaziou de afeto as relações entre humanos, principalmente o tipo de relação comunitária viva e espontânea. Eu penso que esse esvaziamento termina sendo uma tristeza. Refiro-me à Suécia, cuja cobertura social é muito maior do que a do Brasil. A cobertura social é importante e absolutamente necessária, mas não substitui a relação comunitária e interpessoal. Precisamos de cobertura social, sim, mas sem esvaziar outras relações que são fundantes nas nossas culturas de pertencimento. É desafio nosso garantirmos um Estado que garanta bem-estar e justiça social a todos, fortalecendo concomitantemente nossas práticas comunitárias amefricanas de convivialidade e acolhimento.

As sociedades consideradas mais desenvolvidas economicamente não são necessariamente modelos que devemos almejar em todas as dimensões, até porque muitas delas não vivenciaram os dramas de genocídios e desterro forçado. São países cujas histórias não trazem o trauma que foi mencionado por Ailton Krenak neste evento. São traumas dessa dominação secular, o desterro transatlântico que ocorreu para muitos povos africanos e sua escravização durante quatro séculos, como também a expulsão dos povos originários de seus territórios. Em ambos os casos, houve perda das terras de pertencimento e foram perpetrados imensos genocídios físicos e epistemológicos.

O desterro foi tão brutal para os povos negros, foi tão terrível que seus efeitos são ainda sentidos e sofridos nas atuais gerações. Para Sobonfu Somé (1999), grande sábia do país africano na Costa Oeste chamado Burkina Faso, não se pode evitar que esses traumas individuais ou coletivos produzam efeitos negativos para as futuras gerações, porque eles serão herdados por muitos descendentes. No entanto, ela acredita ser possível se curar desses traumas mediante práticas espirituais comunitárias. Eu também acredito que é possível se curar dos traumas históricos, embora considere impossível reparar o sistema escravista em si, tamanha foi sua crueldade. Mas a cura, a elaboração de suas consequências para que os traumas não se repitam, é viável. Para esse tipo de cura, são necessárias políticas que favoreçam mudanças profundas na psique coletiva. Eu acredito também que, no tempo histórico em que vivemos, precisamos nos aproximar mais da natureza que sempre nos constituiu e nos constitui, mas que passamos a desprezar imensamente. Precisamos nos comunicar mais com todos os demais seres viventes, inclusive nos darmos conta do quanto somos pequenas e pequenos diante da Criação.

Um exemplo dessa distância é a nossa interdição para sonhar e descobrir coisas. Não é que a gente não possa sonhar e dessa forma descobrir coisas. Na verdade, nós fomos afastadas e afastados da nossa ancestralidade a tal ponto que achamos que não temos mais essa capacidade. Todos têm essa capacidade de sonhar e descobrir, porque todos nós temos mediunidade, todos nós somos capazes de nos comunicar com o invisível. Todos nós sabemos e podemos, mas nem sempre acreditamos. Foram-nos ditas muitas mentiras e, diante delas, a Pretagogia, que é uma abordagem pedagógica afrorreferenciada, torna-se importante.

Ao longo do meu tempo de vivência em países diferentes como Suécia, França e por fim o Brasil, onde encontrei situações tristes de se ver, eu percebi o quanto o racismo está entranhado na mente das pessoas, ao ponto de elas negarem suas próprias qualidades, seus próprios pertencimentos. Isso está acontecendo na sala de aula da universidade e nas escolas. Dizia a minha mãe, uma mulher cubana, que o racismo é muito pior no nosso próprio país, porque é onde moramos e geralmente continuamos vivendo. Você sentir que não é acolhida pela própria sociedade de que você faz parte é mais difícil. Sinto essa afirmação como verdadeira porque o racismo que está no mundo também já vivenciei nesses países, no entanto ele não me afetou diretamente noutros países como ele me afetou aqui no Brasil, e continua me afetando, a cada dia muito mais, pois criei muito mais pertencimento no Brasil do que na Europa, identifiquei-me culturalmente muito mais.

Isso não significa dizer que o racismo não seja grave na Suécia e na França, mas lá aconteceu para mim de outra forma, mais distanciada. Talvez porque, em momento algum, pelo menos na nossa família, nos consideramos realmente parte daquela cultura. Nós sempre cultuamos a festa, praticando a dança e a festa, assim o nosso corpo-memória era sempre ativado. Sempre buscávamos os nossos e as nossas que não eram somente pessoas cubanas ou haitianas, como minha mãe cubana e meu pai haitiano, mas nos identificávamos com todos os povos que tinham cultura semelhante às nossas. Eu tinha amizades suecas e francesas, mas as que me mantinham com sentimento de pertencimento eram as culturas negras e as latino-americanas.

Nós realizávamos muitos encontros de encantamento, que eram principalmente as festas, era justamente nesses momentos que fazíamos questão de vivenciar o nosso corpo, essa memória do corpo que a dança propicia. Daí nasceu meu gosto de trabalhar esse tema do corpo-dança afroancestral, que é um dos assuntos do meu livro "Pretagogia" (2015). O corpo em movimento nunca nos deixou desconectar de nossa ancestralidade. Por isso que eu sei que tem jeito. Porque eu poderia ser também mais um corpo errante no mundo, como sugere a canção de Luedji Luna (2017), na música "Um corpo no mundo". Um corpo negro no mundo, perguntando-se: o que estou fazendo aqui? Poderia ser mais um, mas na verdade eu agora tenho muita ciência de quem eu sou, o Brasil participou imensamente do fortalecimento do meu Pertencimento Afro.

Eu tive muitas oportunidades de fazer encontros e hoje, pela vivência espiritual que ganhei no Brasil, eu tenho certeza de todos terem sido guiados pela ancestralidade, pois foram encontros que trouxeram o propósito da minha vida, que eu levei muito tempo para descobrir. Para Sobonfu Somé, não tem nenhum ser que esteja no mundo sem um propósito, mas nem todos encontram o seu. Encontrar seu propósito na vida é realmente uma dádiva. Nas comunidades Dagara que Sobonfu Somé descreve, as pessoas se preocupam em propiciar constantemente conexões que fortaleçam o propósito de seus membros. Assim, a comunidade ajuda cada pessoa a cumprir o seu propósito.

Acredito que não aconteçam tão facilmente depressões, porque todo mundo é ajudado a encontrar o seu propósito mediante a prática de rituais espirituais. Antes de nascer sua criança, o casal desejante realiza rituais que fazem aumentar as vibrações da fertilidade. E depois da criança gestada na barriga da mulher, a comunidade pratica, junto com o casal, rituais de recepção da criança por vir e outros, para descobrir qual deverá ser o nome desse rebento ao nascer.

Então, quando eu tenho a oportunidade de ler sobre isso e descobrir os fundamentos de outras culturas, principalmente de determinadas etnias africanas das quais muitos de nós somos descendentes e com as quais todos e todas mantemos laços, eu percebo que há outra forma de se estar no mundo. E o que não se pode vivenciar, no mínimo, deve-se estudar na escola, porque nem todo o mundo vai ter a mesma oportunidade de vivenciar.

O referencial educacional que denominamos de Pretagogia é uma forma de descobrir aquela ascendência cultural, pois para realizar essa pedagogia afrorreferenciada não é preciso apenas obter conhecimento sobre cultura e história africana e afro-brasileira, os conhecimentos cognitivos e acadêmicos. Não há dúvida de que são extremamente necessários, mas ao longo do tempo de trabalho com educação na escola e na universidade, aprendi estupefata que talvez oitenta por cento do que a gente da minha geração aprendeu na escola foi perpassado de falácias construídas, sobretudo no que diz respeito às origens e autorias reais das epistemes que estudamos, e outra parte do que aprendemos não possuía conexão ancestral e cultural com as origens africanas e nem indígenas. Nesse sentido, a maioria de nós, que tratamos de afrorreferenciamento, fomos obrigadas a cursar o que chamo de "universidade contracolonial", que consiste em, durante longos anos, reconstruir fora da oficialidade o conhecimento que nos foi repassado de forma fortemente enviesada no sistema educacional formal, frequentemente como cânones branco e eurocêntricos indiscutíveis. Ainda hoje, nossos currículos, mesmo com o avanço inegável das leis e diretrizes conquistadas (Lei 10.639, de 2003, e Diretrizes Curriculares Nacionais da Educação das Relações Étnico-raciais, de 2004), ainda trazem poucos conhecimentos das heranças africanas e indígenas, e quando se fazem presentes muitas vezes são tratadas como menores, folclore ou genericamente como "populares", sem aprofundamento das suas dimensões científicas e filosóficas, e principalmente sem localização étnica. Tanta má fé é inadmissível.

Gastamos tanto tempo, desde criança, numa escola, depois na universidade, seja na Europa, seja aqui no Brasil, ou aonde for, sendo instruídas e instruídos com um percentual muito grande de ideias falaciosas que inferiorizam, negam, omitem ou invisibilizam os aportes científicos e culturais não brancos e não europeus existentes no mundo e dos quais nem aprendemos a desconfiar da hegemonia naturalizada. Isso é francamente assustador e impressionante. Com isso, não quero dizer que eu seja contrária ao que convencionamos chamar de ciência, nem mesmo a brancocêntrica, não se trata disso, mas ela precisa passar pelo crivo da criticidade e da diversidade. Não sou de forma alguma contrária à ciência, nem quero jogá-la fora, mas podemos exigir que seja pluriversal e honesta. No caso do Brasil, temos que trabalhar para que seja representativa das culturas que fundaram este país, não apenas do poder hegemônico. Quando a ciência cria falácias para justificar a dominação de poucos sobre todos ou sobre a grande maioria, ela deve ser questionada e refundamentada. Ela precisa rever seus princípios, ideais, práticas e desdobramentos, revisitando e reconstruindo as epistemologias tidas como óbvias, atemporais e universais, pois o conhecimento não é estanque e parado no tempo e no espaço, não se encontra fora do contexto das relações sociai, históricas, geográficas e políticas que o produzem.

Particularmente, temos que repensar se a dita ciência tem que se manter separada da espiritualidade. Temos que considerar e estudar a ciência existente nas experiências narradas por Verônica e Valéria do Grunec, neste livro *Desnaturada* [veja pág. 107]. São saberes muito ricos de filosofias e ensinamentos, de toda uma bagagem de conhecimentos ancestrais. Para mim, os ensinamentos profundos narrados e passados pelos seus pais são ciência, ao mesmo tempo que são, sem dúvida, Oralidade africana. Oralidade não é o contrário de ciência e nem da escrita, tampouco é necessariamente menos moderno, é isso, sim, uma outra forma de estar no mundo. E essa forma de estar no mundo é frequentemente indispensável ao bem viver. Por isso, nós da Pretagogia vamos continuar lutando para que a Oralidade africana faça parte do currículo escolar. Nós vamos continuar empretecendo os currículos que, a nosso ver, precisam conter africanidades em proporções equitativas, bem como incluir devidamente as culturas dos povos originários. Então, nós vamos precisar de implementação das leis já existentes (lembrando a 11.645/2008, referente à inclusão no currículo das culturas e história dos povos indígenas) nem que seja até equilibrarmos o ensino que temos hoje, ainda quase todo eurocêntrico, não é?

É oportuno repensar toda a escola, como ela funciona, com seus ritos burocráticos, que se sobrepõem ao prazer de aprender, ao prazer da descoberta, e que são, às vezes, tão duros. O tempo da escola não flui, pois é fracionado ao extremo, chega a ser ridículo o tempo exíguo e fragmentado ofertado em forma de aulas curtas que pouco se comunicam. Sem contar a hierarquização das matérias, onde matemática e língua portuguesa chegam a ofuscar as outras áreas, que no entanto também podem dialogar com matemática e língua, mas por outras entradas. Não há tempo para o desfrute, a criação, o amadurecimento e a lentidão quando necessário (por exemplo para exercícios de relaxamento/meditação ou aulas de cultura culinária) e muito menos para a docência fundamentar, inventar e reciclar seus dispositivos didáticos pedagógicos, tranversalizando, por exemplo, a arte. O que você faz com um grupo de crianças durante uma hora aula de apenas cinquenta minutos? Dizer que uma criança não suporta mais do que cinquenta minutos para determinada atividade não é verdade. Você pode estar duas ou três horas com as crianças e realizar coisas incríveis, diversificadas, sem tédio, depende da motivação e envolvimento que você consegue suscitar. Então, há muitas coisas a se fazer com elas, mas o tempo escolar não as acompanha, nem mesmo depois da educação infantil, quando são mais propensas à concentração, não se permite uma temporalidade mais longa para permitir interagir de verdade. É inacreditável a falta de liberdade com a gestão do tempo, excessivamente fragmentado e fechado à transversalidade.

À ideia de que tudo tem que ser fragmentado, no conta-gotas, sem comunicação entre as matérias, a Pretagogia se coloca em contraposição, com ritos mais duradouros que podem nos ajudar a descobrir o que seja de fato ancestralidade e assim fortalecer nosso senso de pertencimento. Porque ancestralidade não é só descobrir os antepassados, é sem dúvida buscar conhecê-los, junto às matriarcas e patriarcas atuais que nos inspiram, mas

é também se irmanar com todos os demais seres viventes da natureza, dos astros, e reverenciá-los pelas suas dádivas. Isso não se faz às pressas, olhando para o relógio. Em termos de linhagens, além das biológicas, temos as linhagens dos ofícios tradicionais (dentre tantas, citemos parteiras, rezadeiras, artesãos e artesãs, artistas que aprendem pela iniciação que pode durar uma vida). É preciso entender que os ofícios são perpassados de espiritualidade, por isso são sagrados nas culturas africanas e raramente potencializam pressa e ansiedade, ao contrário dos jogos eletrônicos ansiogênicos modernos. No continente africano, por exemplo, na Costa Oeste, há famílias que se dedicam a criar griôs ou griotes, que são pessoas guardiãs da Oralidade que vão manter o corpo-memória de uma etnia, um povo, um território. Além dessa memória, vão passar ensinamentos que resistem ao crivo do tempo ou que são recriados, aproveitando sua melhor porção.

Ninguém vive só de informação. A informação pela informação e no ritmo volátil das redes sociais não torna ninguém sábio. Nós precisamos, sim, de conhecimentos instrutivos que podem ser informações, mas necessitamos que venham acompanhados de ensinamentos que propiciem mais senso de vida e encantamento (MACHADO, 2019). Mas, aí, para haver ensinamento, é questão de atitude. As atitudes hão de ser diferentes das que vemos hoje, evitando-se as práticas racistas, machistas, capacitistas e, também, as antropocêntricas que desconsideram ou inferiorizam os seres viventes não humanos. As filosofias africanas ancestrais nos ensinam a importância dos gestos e das práticas de oferenda. Ganharemos muito quando passarmos a considerar a concepção de oferenda como parte dos princípios que perpassam o currículo. Nos terreiros de religiões de matriz africana, faz-se muita oferenda. Lá você aprende que tem que reverenciar as dádivas da criação, que é importante agradecer. Agradecer pela Anterioridade de outros seres, pelo que somos, pelo que obtemos, pelos seres viventes da Criação, sobretudo pelo dom do movimento, do alimento, da saúde, da força vital. Então, realizamos oferendas e recebemos boas energias de troca através dessas oferendas.

Num contexto não religioso como a escola, a oferenda se traduz por uma atitude generosa, acolhedora, afetuosa e recíproca. Gestos e ritos de congraçamento, como o cozinhar e comer juntos, as rodas afrodançantes, afrocantantes, o sentar em círculo, amar a Natureza, cuidar-nos mutuamente e aprender a semear e plantar. A oferenda do dar e receber, se formos pensar, é algo bem africanista que encontramos nos folguedos, nas festividades, nas promessas, nas oralidades que praticamos com seu senso afrocomunitário. Então a oferenda, no sentido ancestral, pode fazer parte do currículo, por que não? Nós podemos praticar mais a atitude de afeto na escola e na universidade. Experimentamos fazer isso durante a pandemia na universidade, nas nossas aulas pretagógicas, quando estávamos convivendo apenas em plataforma de salas virtuais, com a sensação de estarmos só com imagens de pessoas, sem poder tocar ninguém. Procuramos transformar os momentos das nossas aulas virtuais em vivências afroafetuosas, recorrendo ao que temos de melhor nas nossas africanidades para que as pessoas pudessem sentir o outro e a outra, mesmo através de um objeto tão estranho e frio como o computador.

Mesmo no virtual, fizemos diferença. Fazer diferença para as pessoas confinadas num isolamento brutal, algumas vivendo abusos de todo o tipo, pode ser questão de sobrevivência. Notamos quão importante foi trazer afeto para essa situação de aula e isso deve nos servir de ensinamento para todos os tempos, pandêmicos ou não, pandemônicos ou não. Essas práticas poderiam fazer parte do currículo, porque o currículo não pode se resumir a um compilado de informação, não pode ser só diretrizes, tem de se incluir as dimensões do relacional, do lazer, do lúdico que fazem parte das nossas culturas ancestrais antigas e das atuais em constante recriação. Sobretudo nossas oralidades e oralituras são fartas em conhecimento, estética, congraçamento e brincadeira, tudo transversalizado, por isso geram alacridade, essa alegria séria que o estudioso afro-brasileiro Muniz Sodré (1988) tão bem conceitua. É importante que nós possamos vivenciar essa alacridade na escola, na universidade, aprender dançando, porque dançar nos faz muito bem, como exulta a protagonista negra haitiana Zarité no livro de Isabel Allende (2011).

Sim, queremos dançar nas aulas, porque, quando nós dançamos, nós nos comunicamos com o divino, com os seres humanos e todos(as) e os demais seres. Nós somos energia de movimento, essa vibração primordial é outro princípio muito importante nas africanidades; pois quem não se move, morre. Então, não há nada que não se mexa, porque até essa mesa à minha frente que parece estar parada se move, pois, se a deixarmos durante trinta anos, não vai mais ter o mesmo aspecto, talvez fique carcomida por cupim ou mude de brilho. Nada fica estático, tudo está se mexendo, mesmo aquilo que nós não percebemos que está se mexendo, visível ou não, está se transformando a cada instante; as placas tectônicas que não vemos e nem sentimos mover, um dia, podem provocar um terremoto.

Mesmo o mundo não material é regido por movimento, por isso se manifesta a nós em sonhos, intuições, percepções e sensações. Assim, eu tenho certeza de que meus pais estão comigo aqui nesse auditório, apesar de terem feito a passagem há mais de dez anos. Estão se movendo por aí, eu não sei sob qual forma, mas estão. Eu sei que todos nós aqui estamos perpassados desse grande abraço das e dos ancestrais, que estão muito felizes, nesse momento, de saber que nós estamos aqui, não só adiando o fim do mundo, como afirma Ailton Krenak, mas cultivando a ideia de que ainda podemos viver com todos(as) e os viventes e continuar juntos e juntas.

É tão importante se encantar! Nós, da Pretagogia, achamos que o encantamento faz parte, nós buscamos isso. Então, particularmente, nós trabalhamos propostas antirracistas, mas nós não focamos necessariamente o racismo. Assim mesmo, o racismo sempre vai aparecer numa narrativa e a gente vai tratar disso. A gente trata disso quando ele aparece, para curar, dar mais do que um abraço para as pessoas que vivenciam momentos muito difíceis do racismo, do machismo e outros ismos graves. Mas a nossa abordagem consiste muito mais em en-cantar ou en-dançar as pessoas para que elas ganhem força vital a partir daquilo que elas descobrem de mágico. O elemento mágico está muito presente nas nossas culturas ancestrais, então incentivamos que se apropriem desse encantamento, passem adiante e façam acontecer um mundo menos racista, sobretudo através do afroafeto e das intensidades das narrativas musicais nas rodas de enraizamento nas quais as pessoas trazem sua conexão com as africanidades.

Temos que quebrar as energias despotencializadoras que estão presentes nas escolas, nas universidades e em algumas famílias, favorecendo a rigidez e a desvalorização das culturas negras e indígenas. Às vezes, junto com a construção da escola e universidade contracolonial (aquela que desconstrói as falácias coloniais dentro e fora dos muros do ensino formal), você precisa criar outra família para você, pois há famílias que sufocam seus entes com opressão e proibições, que, por exemplo, inibem a livre expressão corporal. Mas nós aprendemos com as nossas filosofias ancestrais que a família não é somente a consanguínea, que às vezes você precisa buscar ou montar outras famílias e felizmente nós temos muita facilidade em sermos família uns para os outros, umas para as outras, sobrevivemos ao escravismo recriando famílias de todas as formas, porque já estava na nossa ancestralidade essa prática comunitária e é dessa forma também que convém lutar coletivamente, na entreajuda e resistência cultural.

É preciso acreditar nas pessoas, colocar e transmitir a nossa energia de realização e isso já está acontecendo. Eu posso dizer que, como parte do movimento mais recente de empretecimento da educação formal iniciado há décadas por pessoas como Vanda Machado, nossos trabalhos pretagógicos têm realizado muitas transformações promissoras entre os grupos que tiveram a oportunidade de vivenciar nossas invenções. As transformações vivenciadas não alcançam sempre toda a instituição, mas essas pessoas que participaram das formações mudam e multiplicam a força vital. Elas já saem acreditando no seu poder, que todos somos poderosas e poderosos, e esse poder é de caráter ancestral. Por isso ele é tão forte. Transforma crianças e jovens, também professores, professoras, gestores e gestoras, até as mais céticas e céticos. Vamos adiante nessa vibração, funciona, porque um simples gesto faz muita diferença!

Ministrando um curso no interior do Ceará, experimentamos iniciar o dia sempre com a prática descrita pela sábia Sobonfu Somé que é de perguntar uns aos outros: "Como você dormiu?", algo que amigos moçambicanos, guineenses e caboverdianos me contam que também praticam nas suas comunidades. Adaptamos a ideia para a roda matutina, cada pessoa foi indagada sobre como dormiu e respondeu. Por vezes, a pessoa não dormiu tão bem assim. Mas, só o fato de relatar seu sentimento, de perceber que seu bem-estar nos interessa e que será escutada na roda, já é muito importante. Saber que a roda propicia escuta e acolhimento é muito gostoso. Sobonfu Somé narra que de manhã as pessoas saem de casa para fazer saudação ao sol e a todos os demais seres viventes. Então, passamos a incluir nossas saudações aos elementos da Natureza e outros aspectos do nosso ambiente e nos sentimos muito melhor.

O griô Sotigui Kouyaté dizia: não adianta ficar pensando muito, racionalizando demais. O importante é essa escuta no coletivo, junto com o experimentar, mesmo que faça supostamente errado, depois melhora, aprende, vai lá de novo. É preciso acreditar no coletivo, nas rodas. E isso tem funcionado bem. Nós propiciamos muitas rodas dançantes. Eu particularmente gosto muito dessas rodas dançantes que no Brasil não faltam, as africanidades as espalharam em todo o território. O importante é que aconteçam as rodas, que permitam o corpo se expressar de forma criativa. Todas e todos nascemos de um útero dançante, dançamos meses e meses girando no próprio eixo, até o dia em que, juntando nossa dança à da mãe, lançamo-nos à aventura da vida fora do útero aconchegante. Foi preciso mover!

Uma coisa muito triste para mim é encontrar estudantes que não são permitidos/as dançar em casa. Pergunto: "Como assim? Que coisa absurda. Quanta desconexão entre Corpo e Natureza!"

Bora criar, bora caminhar à dança da Ancestralidade!

BIBLIOGRAFIA

ALLENDE, Isabel. **A ilha sob o mar.** Tradução Ernani Só. 4ª ed. Rio de Janeiro: Bertrand Brasil, 2011.

BERNAT, Isaac. **Encontros com o griot Sotigui Kouyaté.** 1ª ed. Rio de Janeiro: Pallas, 2013.

AMABIS, José Mariano; RODRIGUES, Gilberto. **Fundamentos da Biologia Moderna**, parte 1. São Paulo: Editora Moderna, 2018.

MACHADO, Adilbênia Freire. **Filosofia Africana:** ancestralidade e encantamento como inspirações formativas para o ensino das africanidades. Fortaleza: IMPRECE, 2019.

MACHADO, Vanda. **Irê Ayó:** uma epistemologia afro-brasileira. Salvador: EDUFBA, 2019.

PAGAN, Alice Alexandre. O ser humano do Ensino de Biologia: uma abordagem fundamentada no autoconhecimento. In: **Revista Entreideias**, Salvador, v. 7, n. esp, p.73-86, 2018.

PETIT, Sandra Haydée. **Pretagogia:** Pertencimento, Corpo-Dança Afroancestral e Tradição Oral Africana na formação de professoras e professores - Contribuição do legado africano para a implementação da lei 10.639/03. Fortaleza: EdUECE, 2015.

SODRÉ, Muniz. **O terreiro e a cidade:** a forma social negro-brasileira. Petrópolis: Vozes, 1988.

SOMÉ, Sobonfu. **Welcoming Spirit Home:** Ancient African Teachings to Celebrate Children and Community. California: New World Library, 1999 (versão original, língua inglesa).

SOMÉ, Sobonfu. **Acolhendo o Espírito**. Ensinamentos ancestrais africanos na celebração dos recém-nascidos e da comunidade. 1ª ed. Diáspora Africana: Editora Filhos da África, 2023.

A ARTE DE MIOLAR

Verônica Neuma das Neves Carvalho
Valéria Gercina das Neves Carvalho

Me chamo Verônica Neuma das Neves Carvalho, tenho nome e sobrenome. Sou uma mulher negra, sexagenária, descendente de um povo quilombola, que saiu do Piauí e foi atrás de uma vida boa na Comunidade Quilombola Saco dos Cansanção, em Araripina, Pernambuco. Venho desse lugar. Digo que meus passos vêm de longe, eles vêm de longe sim. Tive a honra de conhecer minha bisavó, os meus avós. Sou filha de Luiz Cocão, Cocão de cabeça grande, de homem inteligente, e Dona Gilbertina das Neves Carvalho, ambos profissionais da saúde popular. Valiam-se também das meizinhas, das árvores, das plantas, por isso os chamamos de cuidadores de gente. Sou de uma prole grande, não vim só. Eu não ando só nem quando fui gestada, sou irmã gêmea da Valéria.

Começo dizendo que esqueci um monte de coisa que aprendi na escola, mas não me esqueci dos ensinamentos transmitidos por meu pai, por minha mãe, por minha avó e por minha bisavó. Nunca esqueci nem esquecerei destes ensinamentos, e são esses que eu passo adiante.

As pessoas falam em roda de conversa, falamos em Miolagem ou miolar ou mesmo conversar miolo de pote. Porque, para nós, esses termos se traduzem numa tecnologia social, uma metodologia da nossa vivência, do nosso trabalho, é uma tecnologia social para nós e pra quem acreditar que seja. Quem não acreditar, a gente não tá muito preocupada, não.

É só imaginar um pote de barro, cheio d'água. Se ele estiver vazio d'água, ele tá cheio de quê, perguntava vovô. De ar, respondíamos. E hoje, para politizarmos a roda de miolagem, respondemos que está cheio do que faltou para quase um milhão de pessoas, durante a pandemia. Vovô insistia para que dissemos o que é ar e água, afirmando que ninguém vive sem esses dois elementos da natureza. Água, assim como ar, é vida, então, "falar miolo de pote" é falar sobre a vida, é falar sobre a nossa vida. E isso era o que vovô dizia quando reunia todos os netos, aos domingos: vamos falar sobre a nossa vida, que não é besteira e tampouco jogar conversa fora. Vamos falar miolo de pote.

Assim, dentro de casa, aprendemos a história da nossa família. Quando afirmamos que nossos passos vêm de longe, que somos um povo quilombola, que nossa bisavó veio do Piauí, que sabemos como eles viviam, o que faziam, quais as dificuldades, é porque foi conversando miolo de pote que aprendemos o que desenvolvemos hoje, como um legado ancestral, no terreiro ou no reino encantado das pretas ou mesmo em qualquer outro lugar. Somos mioleiras, miolamos e miolar é verbo.

Quem vai fundamentar a nossa fala, a nossa produção? Quem veio antes de nós e que construiu isso conosco. Então, somos de uma família de sonhadores, nós nunca perdemos a capacidade de sonhar, nem nós nem quem veio antes da gente. Vovô dizia: "Eu quero ir atrás de vida boa". Ele não se conformava, era um período de seca muito grande e ele tinha vontade de estudar, queria que os dele estudassem, não se conformava em ser o Fernando, Zé, o outro Zé Raimundo, o Antônio.

Ele queria ter um nome e sobrenome que seria dado à família. Para isso, subiu o morro e pediu inspiração ao Sagrado. Ele nos disse que o céu estava azul, cheio de nuvens e a gente dizia: "vovô, se estava cheio de nuvens porque o senhor escolheu o nome Neves?" Então, ele disse: "É porque olhei para baixo, percebi que nós somos muitos". A construção que ele fez é de pegar aquela neve e dar um pedacinho de neve para cada um e nisso nasceu a família tradicional das Neves, que não tem nada a ver com os Neves lá de Minas Gerais.

Tanto eu como a minha irmã gêmea, Valéria Gercina das Neves Carvalho, professora aposentada e mioleira das boas, coordenamos as ações desenvolvidas no terreiro. É responsabilidade nossa, nós que já estamos com os cabelos nevados de dizer, de passar para a juventude tudo aquilo que aprendemos com os nossos mais velhos, enfatizando que ancestralidade, oralidade e respeito são princípios inegociáveis. Temos o compromisso de continuar o caminho em busca de dignidade e bem viver. Para tanto, faz necessário deixar rastro que sirva de inspiração para os mais novos. Não adianta ficar só na lamúria e na lamentação, se você tem um conhecimento, compartilhe com quem não tem. Importante que chegue nas comunidades, nas escolas e que parta de dentro de casa para o mundo.

Sendo assim, chegar aos bancos escolares, para toda a família, é honrar os ensinamentos do nosso avô Fernando José das Neves, do nosso bivô José Raimundo das Neves, de Gilbertina das Neves Carvalho, minha mãe, da dona Ursulina, nossa bisavó, salve onde estiverem. Honrando toda nossa ancestralidade, plantando um pouquinho de esperança nas pessoas que recebem de alguma maneira as mensagens de bem viver passadas durante as rodas de miolagem.

Se a gente quer salvar isso aqui, Gaia, a gente precisa se envolver em tudo que nos cerca. A gente perguntava ao vovô assim: "Ô, vovô, esse mundo véi tem jeito não, esse mundo véi tá ruim, é tanta gente ruim". Ele dizia: "Não, minha filha, o mundo tem jeito, prestem atenção, pois o mundo tem jeito". Gaia tem jeito e as pessoas também têm jeito, algumas delas precisam de um tempinho maior para aprender. Esse tempinho maior está esticado demais. Então, quem já conseguiu compreender que é no coletivo, na comunidade, na comunhão, na partilha, na solidariedade e no respeito, quem já conseguiu perceber isso que ajude aquele que não despertou.

Nós somos moradoras da zona rural de Crato, próximo de uma aldeia do povo Cariri, que se levantou dizendo: "Esse lugar também é meu". Nós, do Terreiro Encantado das Pretas, também dizemos, brigamos e lutamos pela Chapada do Araripe como nossa. Nós somos os pontinhos pretos na terra da luz, o Ceará, queremos o nosso lugar. Os pontinhos pretos são as estrelas, deslumbrantes, brilhando neste lugar. Nós, do Terreiro das Pretas, recebemos jovens, crianças, idosos, professores, doutores. Recebemos gente para falar, gente para escutar.

Com o passar do tempo, percebemos a miolagem como algo que nos provocava a uma escuta que todo processo de transformação requer. Escutar o outro, escutar a Natureza e compreender que nós fazemos parte dela. Não precisa ser um território grande não, comece na sua casa, com aquilo que você consome, descarta, com o jeito de passar o que você sabe para os seus, o jeito que você fala, ouve, escuta e come, o amor que você coloca na comida. Assim, você já faz coisa demais.

Nós fizemos um levante em nosso terreiro. Terreiro vem de terra, terra que forja nossa identidade e nos conecta com o ambiente, o nosso espaço: a terra, a água, o ar e as pessoas que aqui estão, tudo isso é Natureza. A nossa caminhada foi vivenciada pelo aquilombamento[1], tanto familiar quanto para além do familiar.

Nessa caminhada, nós nos deparamos com as injustiças sociais, que quase nos aniquilam. Onde o sofrimento foi maior, marcado primeiro, pelo contexto escolar. A escola foi perversa demais conosco, nos aprisionou. Só não fez uma coisa conosco: a escola não nos tirou a capacidade de sonhar. De sonhar principalmente que nós merecemos ter uma vida boa. Portanto, a escola foi terrível.

Outro local de aniquilamento que nós vivenciamos: o trabalho. Também foi terrível. Foi preciso ampliar o nosso quilombo. Como? Primeiro, nós compreendemos como o racismo é cruel, indignamo-nos, percebemos que sozinha não íamos conseguir superar. Então, tivemos que enfrentar as violências na infância e na adolescência. Começamos um trabalho com os jovens e adolescentes. Depois, a gente ampliou para um aquilombamento junto ao grupo de mulheres, porque, infelizmente, a região do Cariri, tão conhecida pela cultura popular muito rica, mas é um açougue de mulheres. Isso precisa ser dito: o Cariri é um açougue de mulheres!

Precisamos enaltecer o que é bom e apontar o que precisa melhorar, porque é aí, na mazela e na dificuldade, que vai precisar de uma ação não só nossa, mas de todo mundo. Esse aquilombamento nos ampliou para um movimento de mulheres no Cariri, especialmente no Crato.

Em dada situação, houve o julgamento de um agressor que foi condenado a 150 anos de prisão. Ou seja, houve o desmantelamento do famigerado escritório do crime, infelizmente. Por que a gente não diz felizmente? Porque não é feliz, não é com satisfação que a gente diz ou luta para que uma pessoa seja penalizada. Gostaríamos que não fosse preciso existir conselho da mulher, não houvesse essa rede, mas, infelizmente, é preciso. E essa condenação se deu graças ao aquilombamento de mulheres do qual nós também fazemos parte.

A partir da compreensão de que sozinhos não vamos para lugar nenhum, e embalados por aquilo que escutamos nos idos de 2001, da Conferência de Durban[2], em pleno governo Fernando Henrique Cardoso, começamos a questionar: "Há negros no Cariri? Onde eles estão? Como eles estão vivendo? O que eles estão fazendo?" A partir de então, nasceu o Grupo de Valorização Negra do Cariri (Grunec), do qual somos cofundadoras e que fez 24 anos em 2025.

Esse é um marco da resistência negra no Cariri. O Grunec, a partir do mapeamento das comunidades negras e quilombolas do Cariri, chegou a incluir vinte e seis comunidades negras, de treze municípios, no mapa geopolítico do Estado do Ceará. Esse mapeamento foi feito sem recurso do Estado. Nós moramos, durante dois anos, em comunidades. Hoje temos doze comunidades quilombolas na região sul-cearense certificadas pela Fundação Palmares. A motivação dessa ação foi ver que o Ceará tem maracatus, rezas, renovações, danças de coco, ou seja, várias manifestações culturais negras, mas sem nunca conectar ou relacionar com a presença negra no estado.

A historiografia cearense não nos coloca como pretos e pretas, como construtores da sociedade cearense. Dessa forma, o grupo de valorização negra do Cariri é um marco de resistência negra, pois visibiliza o povo negro cearense. Então, são 24 anos de muitas reflexões sobre a natureza, sociedade, jovens, homens e, especialmente, sobre as mulheres. Portanto, não podemos deixar de dizer também da grande mobilização que a gente faz. Quem nos conhece sabe que a gente está por dentro das questões das mulheres negras desse território.

Outra coisa que fizemos nessa caminhada foi uma incidência na política de educação. A gente chegava nas comunidades e perguntava: que educação você quer para os seus filhos? O que vocês querem de um livro didático e da merenda escolar? O suquinho que vem nas caixinhas, ter que cumprir esta ou aquela meta? Sobre o que se planta, o que se colhe, sobre a farmácia, as mezinhas, os saberes da comunidade. Como é que ela cuida da terra, sobre a terra em si, quem é que tem terra, quem é que não tem terra.

Nós estamos relatando uma experiência vivenciada, nós não tivemos livro ou cartilha para dizer o que nós estamos dizendo aqui, nós vivemos isso. Nós estamos falando de uma coisa que a gente vive. Se você chegar no município de Porteiras, de Salitre, de Campos Sales, de Jati, que têm comunidades quilombolas, verás que ainda a luta é por água para o consumo humano. Por exemplo, a água servida na comunidade do Alto das Madalenas em Jati vem de um riacho chamado Riacho dos Porcos, ou seja, um esgoto a céu aberto, o maior absurdo que eu já vi na minha vida. O que a gente faz com o nosso povo, com a nossa gente, é dizer o que meu avô dizia: "Vocês são gente, vocês têm direito. Vocês não são melhores do que ninguém, mas, com certeza, não são piores".

A nossa educação passa por isso, porque foi isso que nós escutamos do nosso pai e da nossa mãe, foi isso que nós escutamos: vocês não são melhores do que ninguém, mas, com certeza, vocês não são piores do que ninguém. Então, o que vocês têm que fazer é lutar, é estudar. Qual era a dignidade que meu avô, saindo do Saco do Cansanção, queria buscar? Era o conhecimento. Isso traz a conscientização. O que é consciência? O que é consciência negra, que se comemora no mês de novembro? Eu aprendi com nosso pai, nosso avô, nossa avó e nossa mãe que consciência negra é desassossego. Então, é isso que a gente faz nas nossas caminhadas.

Formatamos um curso em seminários e minicursos e propusemos uma política municipal em Educação Escolar Quilombola no município de Potengi. Esse mesmo processo está sendo feito nos municípios de Salitre e Araripe, porque a nossa luta é para que seja implementada uma política pública de Educação Escolar Quilombola nesses dois municípios.

Quando nos aposentamos, falamos: agora nós vamos fazer uma coisa que a gente também aprendeu em casa: praticar o nadismo, e fazer nada dá um "trabalho do cão", principalmente onde moramos, um sítio. Temos que cuidar do sítio, aguar, plantar, colher. Fazer nada é trabalhoso. Criamos inclusive o espaço do nadismo, deitar na rede, ficar olhando o pé de manga e pensar qual será a próxima luta. Porém, a conjuntura política da época da pandemia não nos deixou praticar o nadismo.

Retornamos para o Terreiro das Pretas, o Reino Encantado das Pretas, o lugar do nosso levante, onde se constrói felicidade, onde vivemos em irmandade. Nós somos regidos por um princípio que aprendemos com o nosso pai. Nosso pai acalentou durante anos que nós teríamos uma festa de 15 anos, que seria linda, que nós dançaríamos de vestido. Tinha um maestro na nossa cidade, chamado Maestro Azul. Ele era muito amigo do meu pai e era o maestro da banda. Nós iríamos dançar muita gafieira.

Quando foi no dia da festa de 15 anos, minha mãe estava internada, doente, meu pai quebrado que só duas bandas de coco. Não tinha dinheiro para nada, e a Coelce chegou três horas da tarde e cortou a energia da nossa casa. A Valéria e eu, mais oito irmãos e um bocado de primos, era um monte de gente lá em casa. E agora? Acendemos as velas, o candeeiro e botamos os meninos para dormir. Pensamos, Valéria e eu, em esperar o papai. Ele havia saído, a minha mãe estava internada. Ele estava decepcionado, porque ele foi quem alimentou em nós essa ideia da festa.

Ele chegou, tempo depois, com um saquinho de embrulho e um bolinho pequeno, que hoje tem um apelido: cupcake. Chamou a gente lá para cima da casa, nós tínhamos um lajão. Havia um morro cheio de areia. Ele mandou a gente cantar os parabéns e apagar a vela. Então, ele mandou a gente se deitar na areia, olhar para o céu e procurar a nossa estrela, e nós com uma raiva danada. Achamos a estrela. Então, o meu pai perguntou: qual a função de um pai para vocês? A gente não sabia dizer. Então, ele disse que a função do pai é fazer com que os seus filhos encontrem a sua estrela.

O meu pai era analfabeto, ele não sabia ler nem escrever. Então, ele concluiu dizendo que naquele dia um sem-vergonha cortou a luz da nossa casa, mas ele queria ver essa mesma pessoa apagar a luz dos filhos dele, sem que o sagrado permita. Lógico que naquela ocasião isso não reverberou na nossa cabeça, passou muitos anos para compreender a grandiosidade do presente que nós ganhamos de 15 anos.

Primeiro, ele plantou na gente uma conexão com o céu, nós, filhos dele. De alguma forma, ela forja também a nossa identidade, porque a gente sabe de que céu pertence. A gente sempre volta, a gente se encontra, a gente vai e vem nesse mundo todo, mas voltamos, porque aquele céu e aquela estrela é lá que nós ganhamos. Essas são vivências negras.

Eu fui conhecer a comunidade Saco do Cansanção. Eu conheci meu bisavô, eu conheci a terra que ele viveu, eu peguei nessa terra, eu sei como viveram os meus tios, meus tios-avós, meus avós. Eu sei do sofrimento de todos eles e sei, principalmente, sobre a garra, a indignação e a vontade de lutar para ser respeitado naquilo que eu sou, na minha existência, na minha humanidade, e que eu não posso mudar, não posso mudar a minha nem a de ninguém para satisfazer os devaneios de quem quer seja.

Na história de seu Luiz Cocão e dona Gilbertina, de Fernando José das Neves e dona Josefa, que já estão lá no Orum[3], importa também a questão da religiosidade naquela casa, com dez quartos, que tinha de tudo. Era um terreiro, a gente tinha porco, galinha, carneirinho, planta, horta. O meu pai era bruxo, feiticeiro, mezinheiro, mandingueiro, cuidador de gente. Se tinha alguém doente, ele dizia assim: essa planta te serve, nós vamos colher essa planta. Tinha hora de colher, tinha mão, muitas vezes, ele sabia a ciência do remédio que estava naquela planta, mas não podia ser colhida pela mão dele, tinha que ser pela mão de uma criança. Por isso, por onde ele andava, tinham muitos jovens, além de terem os filhos juntos.

Aonde o meu pai ia, era uma multidão de gente que ia. Havia católico, evangélico, umbandista, candomblecista, quem não acreditava em nada. Mas, tinha, acima de tudo, quatro elementos da sacralidade que a gente aprendeu: a terra, que nos conecta, a água, que nós tomamos, com que nos banhamos, o fogo, que transmuta tudo o que não presta, inclusive o racismo (nós vamos acabar com essa mazela), e o ar, que tem que valorizar todo dia. A gente dorme e acorda respirando e não presta atenção. Por isso é que nós, as mais velhas do Terreiro Encantado das Pretas, repetimos hoje para vocês aquilo que nosso avô disse para nós: esse mundo tem jeito, trabalhemos, cuidemos uns dos outros, cuidemos de nós. Com certeza, se nós cuidamos de nós, a gente vai cuidar das outras vidas que estão em torno de nós. Não só das pessoas, como também das plantas, da Natureza, enfim, a gente vai perceber que nós somos natureza dentro dessa grande mãe que é Gaia.

Por detrás desse cuidado recíproco, há amor. Primeiro, nós somos filhas do amor. Um homem e uma mulher se encontraram e estamos aqui. Nós somos filhas de um ato de amor. Devemos honrar quem nos colocou aqui. E esse honrar começa dentro de casa. A ancestralidade começa honrando o seu pai e a sua mãe, seus avós e seus bisavós. Não precisa que eles tenham ido para Orum. Escute o seu pai, escute sua mãe, seu avô, sua avó. Cuide deles.

Começando esse processo de escuta e de respeito dentro de casa, assim, a gente chega à ancestralidade. Nós, no Terreiro das Pretas, estamos tentando fazer com que nossos meninos percebam a grande magia que é escutar. Escutar as pessoas. Nós perdemos a capacidade de escutar as pessoas. Nós perdemos a capacidade de abraçar. Como cuidar? A pandemia parece que serviu de pretexto para a gente se afastar mais ainda. Então, espiritualidade e ancestralidade começam dentro de casa.

E como constituir esse princípio em nós? A gente vive o aquilombamento, valoriza os princípios civilizatórios. O que é princípio civilizatório? Ancestralidade, religiosidade, respeito, circularidade, ludicidade, associativismo, cooperativismo. Tudo isso são princípios civilizatórios africanos.

Nós, do Terreiro das Pretas, temos alguns. Um é a amoração, ação com amor e amor na ação. Esse é o princípio civilizatório do Terreiro das Pretas do Grunec: de onde a gente estiver, compartilharemos amor. Viva, distribua amor e viva amor. A gente tem que acreditar nesta ferramenta poderosa que se chama amor.

Segundo princípio civilizatório do Terreiro das Pretas: aproveite o anonimato, ou seja, ame aqui e acolá, ame onde você estiver. Não precisa de reciprocidade. Amor não carece de reciprocidade. Eu amo e acabou a história. Então, compartilhe o amor, aproveite o anonimato. E o terceiro, o nosso princípio: todo mundo tem o "direito de se lascar". Tem uma explicação. O que é esse se lascar? Você é responsável somente pelo seu amor. Você não é responsável pelo amor de ninguém. Se você se responsabilizar por você, pelo seu amor, é suficiente. Isso é o "se lascar".

Para dar conta disso, é preciso ser consciente do processo de aniquilamento da humanidade que a gente está vivendo e ir para a luta, sobretudo, nós, o povo negro. Nada nos vem de graça, nada. Então, precisou de muita luta, de aquilombamento e, às vezes, de enfrentamento.

Ter consciência é viver o desassossego, porque consciência não combina com sossego. A gente precisa estar desassossegado, incomodado, entendendo que bem-viver não coaduna com aniquilamento. Você precisa se aconchegar, se abraçar e enfrentar. Isso é o contrário de desacreditar, de não ver saída para o aniquilamento da Natureza pela humanidade.

Algo muito importante a ancestralidade nos ensina sobre isso. Quando nós dizíamos: "Mamãe, não tem condição, mamãe, eu vou mandar ela para aquele lugar". Então, a mamãe dizia: "Olha a unha dela como é bonita. Pensa no filho que ela vai ter". Se a gente está naquela energia ruim, vai continuar ruim. Vamos positivar. Obviamente, nós não vamos nos idiotizar. Positivar as questões não quer dizer idiotização, mas que a gente precisa mudar a frequência.

A exemplo disso, a nossa família, particularmente, está vivendo um dos momentos mais difíceis da nossa vida, mas nós estamos mudando a frequência. Partilhar um pouquinho daquilo que a gente sabe, daquilo que a gente vive, faz a gente mudar a frequência e a cura vem. As vozes da nossa ancestralidade apontam para o caminho do cuidado recíproco que devemos estender para a Terra.

---

[1] Aquilombar é um conceito preto criado pela historiadora Beatriz Nascimento. Para mais informações, acessar: https://ea.fflch.usp.br/autor/maria-beatriz-nascimento.

[2] Ver https://www.scielo.br/j/rbpi/a/vnm75ptrSYCRpnJK5d533Sq/?lang=pt. Acesso em 08 dez. 2022.

[3] O céu dos Orixás. Para mais informações, acesse: http://omidewa.com.br/public_html/arquivos/649 .

O PRESENTE É UMA MÁQUINA DE FAZER FUTUROS

Nurit Bensusan

A possibilidade do encontro é um desafio constante, ainda mais em cenários como os que vivemos hoje, de lutas identitárias, quando muitas vezes acredita-se que a separação confirma a identidade. Diante desse panorama, o encontro entre o Ailton Krenak e eu parece ainda mais improvável. Apesar dessa impressão inicial, tal encontro não é só provável, mas também facilitado por uma dimensão identitária. Eu quero acreditar que minha ancestralidade judaica radicaliza a experiência de ver o outro e se ver no outro. A distância de nossas origens, não apenas geográficas, mas de formas de estar no mundo, ao invés de separar, tornou o encontro possível e prenhe de futuros.

Não há dúvidas de que "o presente é uma máquina de fazer futuros", mas o cerne dessa frase tem relação umbilical com o presente, como ele se moldou e quais são suas limitações. Vale sempre lembrar que o presente se conformou no passado, quando ele era futuro e é, em grande medida, resultado das limitações que existiram nesses tempos. Muitas vezes, a ausência de certas ideias, de forma proposital ou não, contribuiu para tornar o presente o que ele é.

Um bom exemplo disso é a metáfora bélica que descreve a vida na Terra desde a competição entre as espécies até a "luta pela vida". Não parece haver nenhum espaço para a colaboração. E, pior, até recentemente não havia sequer a ideia de que os organismos poderiam conviver de outra forma e que a competição não era a única força motriz da vida na Terra. Essa ideia — revolucionária e subversiva —emergiu dos trabalhos da bióloga evolucionista Lynn Margulis. Ela é conhecida por seu trabalho com James Lovelock na teoria de Gaia e principalmente por ser a primeira a propor que algumas das organelas celulares, como a mitocôndria e os cloroplastos, seriam endossimbiontes, ou seja, micro-organismos de vida livre que passaram a viver dentro das células de outros organismos como resultado de um processo de intensa colaboração. Ou seja, Lynn abriu uma fissura em uma visão de mundo que se queria hegemônica, de que tudo é competição, e por essa brecha passaram muitas possibilidades de futuros.

Nós sempre descrevemos a natureza como algo externo, fora da gente, como diz Ailton Krenak, entendendo os animais, as plantas e todos os outros organismos num regime eterno de competição. Uma das consequências diretas disso é que naturalizamos nossa forma de estar no mundo como competidores.

Uma parte das pesquisas que abriram uma brecha nessa visão foi feita com os líquens, organismos que intrigavam cientistas, historiadores naturais e curiosos. Os resultados mostraram que os líquens são dois organismos, uma alga e um fungo, que vivem juntos em estreita colaboração. Ainda assim, demorou muito para que esses resultados fossem aceitos e que houvesse um amplo reconhecimento que organismos de espécies distintas podem viver numa dança de parceria ao invés de numa contínua guerra.

Atualmente, apesar desse reconhecimento, casos assim ainda são considerados exceções e a narrativa bélica segue descrevendo o mundo. Como assinalado acima, a importância disso na nossa forma de estar no mundo e de conviver com os outros seres com quem compartilhamos o planeta é significativa. Ao descrevermos a natureza como uma guerra, passamos a acreditar que esse é o cenário "natural" e que a competição como regra é uma condenação à qual estamos submetidos. É nesse contexto que a fissura provocada pela pesquisa de Lynn Margulis e suas derivações sobre a simbiose entre seres vivos adquire uma relevância libertadora: a competição já não é a única alternativa "natural", há outras possibilidades. Um presente que pode fazer outros futuros.

Vale um momento de reflexão o fato dessa brecha ter emergido como consequência das pesquisas de uma mulher. As mulheres chegaram às universidades recentemente, há apenas algumas dezenas de anos. Elas trouxeram perguntas e abordagens diferentes das usuais nesses ambientes acadêmicos. Um exemplo disso foi o questionamento da competição como regra geral, mas há muitos outros como o pretenso papel passivo do óvulo na fecundação de mamíferos, inclusive na nossa espécie, e o incensado papel dos machos-alfa em grupos de primatas, muitas vezes estendido à nossa espécie.

Isso tem, evidentemente, um efeito imenso sobre como nós nos entendemos como humanidade. Se passamos a entender que o mundo natural é cheio de cooperação, entenderemos também que a competição não é um destino; mais do que isso, que não estamos condenados a competir uns com os outros; e, mais ainda, que o capitalismo não é a nossa natureza. Assim o cenário desse presente que é uma máquina de fazer futuros se transforma.

Da mesma forma que a pesquisa de uma mulher produziu essas fissuras revolucionárias sobre o regime natural de competição e começou a quebrar essa hegemonia, a chegada das pessoas negras e indígenas às universidades tem o potencial de ampliar tais fissuras e de colocar em xeque nossa forma de estar no mundo. Evidentemente, elas também trazem outras formas de abordar as questões tratadas nos ambientes acadêmicos, bem como chegam com novas perguntas que ninguém estava fazendo antes.

Um exemplo emblemático disso é a emergência da arqueologia amazônica sempre tratada como uma não arqueologia, poucos artefatos, sociedades primitivas, nada a se buscar e, principalmente, a certeza de nada encontrar. Mas eis que estamos vivendo um "boom" da arqueologia amazônica, superamos uma "cegueira arqueológica" proposital, os artefatos surgiram e emergiram também consequentemente novas narrativas sobre os povos que ali habitavam e habitam. Podemos nos perguntar como isso aconteceu. Será que de repente todo mundo abriu o olho e começou a ver os artefatos que ninguém tinha visto antes? Certamente não, isso aconteceu porque as pessoas das comunidades locais, as pessoas da Amazônia, chegaram às universidades e passaram a questionar a "cegueira arqueológica" e as narrativas vigentes. Foi a insistência desses novos pesquisadores e pesquisadoras que abriu brechas e possibilitou o florescimento da arqueologia amazônica. É com esse novo presente que podemos construir novos futuros.

Esses dois exemplos, o da pesquisa da Lynn Margulis e o da arqueologia amazônica, servem para mostrar que é fundamental que o giro descolonizador chegue também aos ambientes acadêmicos e que coloque em questão ideias e teorias científicas que se arvoram como descrições absolutas do mundo onde vivemos.

Essa é a ideia do presente como uma máquina de fazer futuros, ou seja, podemos transformar o presente, principalmente produzindo brechas e fissuras, para fazer outros futuros. No entanto, não podemos deixar de perceber que, se o presente é uma máquina de fazer futuros, ele foi feito em algum lugar no passado, porque o presente no passado era futuro. Isso significa que o nosso presente foi engendrado em um cenário passado com um conjunto de limitações e questões. Porém, se nos dermos conta dessas brechas, como, por exemplo, que a nossa espécie não está condenada a competir loucamente, que a nossa única possibilidade não é competir, então, poderíamos construir outros futuros.

No entanto, o que tem acontecido não aponta para esse horizonte. Durante a pandemia, em um primeiro momento, era comum dizer que, diante do que estava acontecendo, todo mundo se daria conta de que não podemos continuar nessa sanha predatória destruidora do planeta. Entretanto, nada aconteceu. E, a meu ver, um dos motivos pelos quais não aconteceu nada é que as pessoas não conseguem imaginar outro futuro. Não conseguem imaginar outra forma de estar no mundo. Há, é certo, quem fale sobre outras formas de estar no mundo, mas são poucos diante da maioria que acredita no modelo hegemônico como único jeito de viver. Talvez fosse possível dizer que a pandemia, ao invés de abrir uma janela para fora desse modelo hegemônico, mostrou-nos um espelho quebrado que refletiu a nossa pior versão.

Assim, acredito ser fundamental mostrar que existem de fato modelos alternativos de estar no mundo, como no envelope humano[1] mencionado por Ailton Krenak. Porque, se não nos dermos conta, se não conseguirmos fazer a transição de compreensão e de modo de viver no planeta, certamente Gaia vai nos dar um cartão vermelho.

Tal cenário, às vezes, me leva a pensar se a metáfora da Terra como mãe faz algum sentido, porque o nosso comportamento é de uma surpreendente inconsequência, completamente abissal. Talvez isso mostre com clareza quem é capaz de considerar a Terra como mãe e com ela conviver com harmonia e alegria, e quem só é capaz de considerar o mundo como espaço de pilhagem. Ou talvez isso ainda revele o que cada um é capaz de fazer com sua própria mãe.

A pandemia é ilustrativa das nossas dificuldades, como espécie, de compartilhar o planeta em bases equitativas. Da pandemia ninguém sabe exatamente a causa, mas muita gente suspeita que tenha a ver com o encontro de dois animais que, normalmente, não se encontravam. Um morcego e algum mamífero. Alguns acreditam que seja um pangolim, outros acreditam que seja algum outro animal. O que importa aqui é que essas espécies não estão habitualmente juntas e é nesse encontro inusitado que o vírus salta de uma espécie para outra e depois acaba chegando à nossa espécie.

A questão é que esse processo de juntar seres que não estão juntos normalmente permeia muitas das atividades humanas. Por exemplo, quando provocamos o aquecimento do planeta, o que acontece com os animais que estavam numa dada latitude? Eles migram, porque ou está mais frio ou está mais quente. Diante disso, vão procurar um lugar que tenha um clima mais parecido com o que viviam antes. Quando migram, eles começam a encontrar outros animais que eles não encontravam. Quando um organismo se encontra com outro de espécie diferente, é um universo que se encontra com outro: universo de vírus, de bactérias, de fungos.

Nesses encontros, há grandes possibilidades de algum vírus saltar de uma espécie para a outra e se recombinar com outros ali existentes.

Se imaginarmos a Amazônia, um lugar com mais de três mil espécies de morcegos, cada um com uma quantidade enorme de vírus, pois os morcegos carregam dentro de si uma quantidade gigantesca de vírus que não os afetam, escandalosamente desmatada, ao mesmo tempo em que outras espécies animais, como o gado bovino, que também é um reservatório gigantesco de vírus e de bactérias, estão sendo introduzidas, podemos perceber que a possibilidade de uma nova pandemia estar sendo ali cozinhada é altíssima.

Dados da Organização Mundial da Saúde mostram que, a cada ano, emergem cinco ou seis zoonoses, doenças de origem animal que infectam os humanos. Cada uma dessas doenças tem potencial pandêmico. E, com o passar dos anos, o número de zoonoses emergentes tende a aumentar e com ele a probabilidade de pandemia real. Esse é o panorama da nossa inconsequência, que pode ser ampliado pelo aquecimento global, pelas mudanças climáticas, pelo desmatamento, pela sabotagem aos oceanos, vítimas das milhões de toneladas de lixo, pela poluição da atmosfera, pelos rios que enchemos de mercúrio, pelos solos que cumulamos de veneno. É possível fazer uma lista sem fim de coisas que fazemos que são de uma inconsequência terrível.

Estou convencida de que essa inconsequência é derivada de uma aposta que fazemos como espécie de que a tecnologia vai resolver tudo. É como se a tecnologia fosse uma babá de uma criança mimada, que passa o tempo todo atrás da criança, arrumando tudo que ela faz de errado. A tecnologia é percebida como algo que vai solucionar todos os nossos problemas, mas essa também é uma percepção inconsequente. A tecnologia resolve alguns dos nossos problemas, é fato. Um exemplo é o problema que existia antigamente das fezes dos animais que puxavam carroças e carruagens e se acumulavam nas cidades. Não há dúvida de que a tecnologia resolveu isso com o carro com seu motor a combustão. Mas vale a pena pensar também que nesse processo outros problemas foram gerados. Outro exemplo é o da varíola, causadora de grandes pandemias e mortandades, situação que se modificou radicalmente com a vacina.

Se não há dúvidas de que a tecnologia resolve uma quantidade significativa de problemas da humanidade, cabe ressaltar que ela é também produtora de desigualdades, pois não contempla todo mundo. Por exemplo, as tecnologias agrícolas que temos não impedem que haja gente passando fome hoje. Há países sem nenhum acesso às vacinas, até mesmo as mais conhecidas e mais antigas. Saneamento básico é exceção em muitos lugares do planeta. Os números indicam que a tecnologia não chega para todas as pessoas. Além disso, é preciso pensar que a tecnologia não será capaz de resolver todos os problemas eternamente. O futuro que vislumbramos desse presente onde estamos é que a tecnologia vai solucionar problemas cada vez mais específicos para um grupo cada vez menor de pessoas que, não por mera coincidência, é o grupo que está sempre querendo devorar o planeta.

O Ailton sempre diz que os humanos, de uma forma geral, comem a Terra. É verdade, há um consumo exacerbado, há um modelo que está espalhado para todo mundo, mas não resta dúvida de que há quem coma muito mais da Terra, há quem devore mais. A perversidade maior da tecnologia é que se trata de uma aposta dos que mais devoram. Quem devora mais acredita que tudo tem jeito e que nada precisa ser mudado. Para o aquecimento global, vamos inventar uma geoengenharia; para as futuras pandemias, vamos inventar vacinas cada vez mais eficazes; para os rios poluídos, vamos desalinizar o mar; para os solos contaminados, vamos descobrir outras formas de produzir alimentos...

Evidentemente, nada disso será para todo mundo. Isso sempre deixará de fora os condenados da terra. Não haverá futuro para nós, enquanto esse grupinho de ungidos pelo capital continuar devorando, cada vez mais, a Terra.

Diante de tudo isso, fazer o quê? A complexidade dos problemas causa um imobilismo. Por isso, esse esforço para fazer uma ponte com os povos indígenas, as comunidades de povos de matriz africana, os povos da Ásia e de outros continentes que têm outra forma de conviver com o outro e de compartilhar o mundo. A busca é por cunhas que nos permitam ampliar as fissuras e fazer a vida, em sua plenitude, pluralidade e dignidade, florescer.

No entanto, o tempo está ficando escasso. Talvez não tenhamos mais muito tempo nesse planeta. Não é possível seguir evitando esse tema. Nós estamos chegando a um limite em que as coisas, como diz Ailton Krenak, estão caminhando para uma fatalidade. A crise climática afeta o cotidiano de todo mundo, mas afeta mais a vida de quem tem menos; não há nenhuma dúvida sobre isso. As pessoas não serão prejudicadas da mesma forma e, se hoje já vivemos em uma humanidade profundamente desigual, a situação se tornará, decerto, desesperadora.

Enfim, o mundo só pode se transformar com muito esforço. Mesmo o momento extraordinário que vivemos recentemente, o de uma pandemia global, não foi gatilho suficiente para a mudança. Nosso comportamento carrega um gigantesco componente inercial, o que torna as mudanças rápidas improváveis. Como já dito, o presente é uma máquina de fazer futuros, mas o presente é também um reflexo do passado, quando ele foi talhado como futuro. Se não apostarmos em nossas cunhas para ajudar a abrir novas brechas, em busca de novas possibilidades de mundo, disputando o futuro até as últimas consequências, não haverá outro mundo possível, o presente desenhará um futuro com mais do mesmo e saberemos que, como espécie, perdemos.

---

[1] Trata-se de uma figura de linguagem mencionada por Davi Kopenawa recuperada por Ailton Krenak para comunicar o quanto a vida passa por nós, que não contemos a vida. Somos envelopes, portanto.

REGENERAÇÃO DO PLANETA TERRA

Fábio Scarano

Tive minha formação na Ciência Moderna e dediquei anos de estudos às plantas. Interessava-me particularmente a fotossíntese. Graças a ela, vim a ter um contato mais próximo, mais íntimo, com um conjunto de plantas que, para mim, são muito especiais. Uma das minhas favoritas é uma planta das restingas fluminenses que conheci nos bancos de areia entre o mar e as montanhas no norte do Rio de Janeiro. Chama-se clúsia e algumas de suas parentes são, hoje em dia, muito usadas como plantas ornamentais. Ela é uma árvore, sua altura nas restingas pode chegar até uns 10 metros e tem folhas bem grossas.

A fotossíntese, como o nome sugere, ocorre na presença de luz. Porém, essa espécie de clúsia, assim como orquídeas, algumas bromélias e cactos, faz seu processo de assimilar carbono durante a noite, que é um mecanismo evolutivamente recente, econômico no uso da água. Os poros das folhas dessas plantas, chamados de estômatos, são o mesmo sítio no qual se dá a assimilação de carbono por fotossíntese e a perda de água por transpiração. Ficando fechados durante o dia, esse mecanismo conserva a água.

Num mundo com acúmulo de dióxido de carbono na atmosfera, por conta das atividades industriais humanas, a fotossíntese é um processo vital no sequestro desse carbono. A partir disso, mais tarde na minha carreira, e já preocupado com o estado do planeta, passei a me interessar pela Teoria de Gaia de James Lovelock e Lynn Margulis[1], dos anos 1970, que apresenta a Terra como a grande força geológica do nosso planeta. É justamente a presença abundante de vida que difere o nosso planeta de outros planetas conhecidos. Ela se dá numa faixa muito estreita entre um pouco do subsolo e a troposfera, que é a camada mais alta da atmosfera.

A vida se concentra nessa estreita faixa e cria condições para que ela própria se mantenha, se reproduza e se perpetue. Então, a Terra se autorregula, se autocontrola e, assim sendo, se regenera constantemente. Por isso, nosso planeta funciona como um organismo. É um organismo gigantesco, do qual nós somos parte, felizmente ao menos por enquanto. E a nossa presença aqui se dá pela força vital que nos une, que nos atravessa e que sustenta o planeta como um todo. Contudo, a nossa espécie é a primeira nos 4,7 bilhões de anos de existência da Terra que tem um impacto maior e constante sobre o planeta do que outras forças, como colisão com asteroides, erupções solares e hipervulcanismos. Essas são três grandes forças que operam em intervalos longos e impactam a vida na Terra. Com a ascensão da nossa espécie, esse quadro ganhou mais um componente mais frequente e que hoje leva a era que vivemos ser batizada de "Antropoceno", nome já popular, mas que o estabelecimento científico decidiu recentemente não adotar.

O filme "Pisando suavemente na Terra"[2], do diretor Marco Colón, nos dá a oportunidade de ver algumas imagens muito impressionantes. Por exemplo, a Amazônia vista de cima impactada por mineração é um bom exemplo do tipo de "ferida" que a gente tem causado sobre o planeta.

A minha pergunta científica por volta de 2010 foi a seguinte: organismos como os nossos têm células-tronco, células que regeneram as nossas feridas. Se o planeta é um organismo, como a Teoria de Gaia pressupõe, e ela está com "feridas", quais seriam as "células-tronco" que virão a regenerar a Terra, Gaia?

Obviamente, eu fui procurar tais "células-tronco" dentre as plantas, não só porque eu gosto muito delas, mas porque as plantas são noventa e nove por cento da biomassa do planeta. Da massa viva que a vida constrói, noventa e nove por cento são plantas. Então, a chance de eu achar os regenerantes em meio às plantas era maior do que entre elementos da fauna, eu supunha.

É óbvio que uma das minhas primeiras suspeitas foi a minha planta favorita, a clúsia, a mesma que faz fotossíntese à noite. E ela é uma planta que, na sua história evolutiva, veja que incrível, estrangula outras. Na Mata Atlântica, ela age como uma figueira, ela germina no alto de outras árvores, manda as suas raízes para baixo, estrangula e, com o passar dos anos, ela mata a sua hospedeira.

O que aconteceu na vegetação da Costa Atlântica, em especial na costa do Rio de Janeiro, é que, há oito mil anos, o mar batia no pé da montanha. De lá para cá, o mar desceu e subiu três vezes. A última descida do mar foi há três mil anos, formando grandes planícies de areia. Plantas como a clúsia, algumas bromélias, alguns cactos e algumas orquídeas — que na mata vivem na copa e crescem sobre outras árvores —, ao longo dos anos, foram trazidas por vento, pássaros e eventualmente até por rios, vindo aportar na areia. Enquanto a Mata Atlântica é úmida e sombreada, o terreno arenoso da restinga, num momento inicial, era praticamente um deserto. Mas essas plantas conseguiram se instalar ali.

Parece acaso, mas talvez germinar no alto de uma árvore, que pega sol na floresta e cujo tronco não tem solo, não deve ser muito diferente do que germinar na areia, exposta ao sol e com poucos nutrientes e água. É o que a ciência moderna chama de "exaptação", é se adaptar a uma circunstância pela qual nunca se passou antes. A Teoria de Darwin[3] fala sobre adaptação, sobre as espécies se adaptarem para um novo cenário com base na seleção natural. São pressionadas e, as mais fortes, ajustam-se e lidam com essa pressão.

A espécie se adaptar para algo pelo qual ela nunca passou é um fenômeno muito pouco conhecido na ciência. Eu, meus colaboradores e estudantes começamos a supor que plantas como a clúsia conseguiram ocupar esses lugares inicialmente desérticos, ao longo dos últimos três mil anos, e se exaptar, conseguindo viver nesse novo lugar.

Eu queria destacar que o que acontece com a clúsia é que ela, na restinga, deixa de ter o comportamento estrangulador da mata e se torna um "berçário" para outras plantas. Ela assume outro comportamento: nesse "deserto" de areia, ela cria sombra. A decomposição de suas folhas é muito lenta, são folhas muito duras, então ela acumula bastante material orgânico no solo, que gera nutrientes para outras plantas. Ela termina por reproduzir ilhas de floresta sobre a areia. A gente chegou a encontrar cem espécies de plantas embaixo de cem metros quadrados de clúsia. Uma espécie por metro quadrado. Muitos países não possuem tantas espécies de plantas em todos os seus territórios.

O nome disso é autopoiese. Autopoiese é a capacidade de criar condições que mantém e favorecem a sua própria vida e a de outros. A vida é autopoiética. Gaia faz isso todo dia assim como essa planta faz e outras plantas também o fazem.

Então, a gente começou a se animar com essa ideia. Quem são os "regenerantes de Gaia"? E quem cunhou esse termo foi a nossa querida Anna Dantes, que organiza o projeto Selvagem Ciclo de Estudos, juntamente com o Ailton Krenak. A Anna, quando viu esses meus estudos com a linguagem ainda muito científica que eu usava, virou para mim e disse: "Fábio, muito bacana, mas para mim você tem que escrever um livro chamado 'Regenerantes de Gaia'".

Levei dez anos, mas o livro veio a ser escrito já com esse pensamento ampliado. As espécies que a ciência mais conhece são as espécies produtivas, "ditas produtivas", são as que se usam na agricultura intensiva e de commodities. Plantas que crescem rápido. Elas terão muita dificuldade em se manterem vivas com o clima em mudança. Outro conjunto de plantas que a ciência conhece bem são as plantas raras. A Biologia da Conservação tem esse interesse pela raridade, especialmente porque as plantas raras são também ameaçadas. Muitas das raras, num cenário de profundas mudanças, também vão ter poucas chances de permanecer por aí.

Então, acaba que, curiosamente, a gente conhece muito pouco as plantas comuns, por exemplo, as que a minha avó usava para curar a gente na infância — ela que tinha ascendência indígena. A ciência conhece muito pouco as plantas comuns. Esses possíveis regenerantes de Gaia estão em meio a plantas que nos cercam, mas que a gente não conhece. Logo, se a gente conhece tão pouco essas plantas capazes de atuar na regeneração planetária, como a gente vai fazer para a nossa espécie continuar a habitar Gaia? Dependemos das plantas: para o nosso oxigênio, para remover dióxido de carbono da atmosfera, para garantir oferta de água, de alimentos. É muita bondade delas.

Será que nós, humanos, podemos também ser regenerantes de Gaia e dar uma mãozinha às plantas e aos animais que já o são? Afinal, não dizem que a gente é Sapiens? Sapiens é sabedoria, "a espécie que sabe" — embora claramente a gente não saiba tanto assim...

A leitura da filósofa alemã, judia, Hannah Arendt foi muito importante para mim. Ela falava, no pós-guerra, sobre o fato de nós, modernos, vivermos uma dupla alienação. A gente se alienou da Terra, dizia ela, com a nossa corrida espacial, dando a vida aqui por perdida e cogitando a possibilidade de viver em outros planetas. A gente se alienou também do mundo que nos cerca: das outras pessoas, dos elementos não humanos da natureza.

Por isso eu gosto tanto do nome "Desnaturada", de fato, a gente continua conectado com a Natureza, não é questão de escolha, nós somos Natureza. Mas a gente se acha desconectado, a gente se acha com o controle, a gente se acha maior. Eu me lembro da definição do Platão[4]: "Natureza é tudo aquilo sobre o que não se tem controle". O que é o moderno? O moderno quer controlar tudo com poder, com o capital, com um determinado tipo de política. Abrir mão do controle não é algo que está no nosso repertório do moderno. De certa forma, também não é muito parte da atividade científica moderna.

A gente quer controlar tudo, até os nossos experimentos. Meu orientador dizia para mim: "Fábio, se você sabe que vai dar esse resultado, para que você vai fazer o experimento? Se é mesmo um experimento, o resultado pode ser qualquer coisa". A gente quer controlar, a gente quer saber o que vai dar.

O que o livro *Regenerantes de Gaia* propõe é que, se a gente se percebe ou age como ente apartado da Natureza, sem empatia uns para com os outros, humanos e não humanos, geramos fraturas. As feridas que causamos sobre o planeta são de certa forma oriundas das fraturas que se criaram entre as nossas relações: entre nós individualmente e aquilo que nos cerca, tanto o humano como o não humano. E quando essa alienação ocorre, a gente acaba por se alienar de nós mesmos. A gente se desconhece, a gente se desumaniza, a gente se desnaturaliza.

Assim, nós entramos num estado de morto-vivo, praticamente. É como se a gente não estivesse vivo aqui. A gente sai da vida. Temos que refazer, reconstruir, regenerar os nossos laços com a Natureza. Eu acho que o que nos liga ao mundo não se vê e nem se toca. É um elo invisível, que a gente simplesmente sente ou não. Para mim, essa liga, essa cola, resume-se a uma palavra só: o amor. É ele que ata e reata. Ele que gera e regenera.

Amor e confiança são fortemente relacionados. A horizontalidade e o diálogo ativo entre saberes e conhecimento são essenciais. A Ciência, as Religiões, a Arte, os conhecimentos ancestrais, todas essas formas de interpretação da realidade são lindas e potentes. Porém, os cientistas, os religiosos e os artistas são pessoas e as pessoas cometem erros.

Eu acho que, nesse momento que a gente atravessa, talvez desde sempre, a gente devesse ter procurado conversar mais. Como cientista, eu faço essa mea culpa também. Eu acho que os cientistas e as cientistas poderiam se prestar mais a conversar com outras visões de mundo. Como forma de interpretação da realidade dominante há pelo menos 300 anos, os produtores e as produtoras desse tipo de saber não têm escutado suficientemente outros saberes. Pessoalmente, depois que eu passei a ter um contato ativo e de escuta com outras visões de mundo, eu aprendo muito mais que ensino. E naturalmente isso tem um impacto sobre a minha ciência e, também, sobre a minha forma de agir como cidadão.

Então, eu acho que esses diálogos, essas conversas são muito importantes. Mas, tem outro tema ao qual eu tenho me dedicado agora e que também toca muito esse nosso debate. É o chamado letramento ou alfabetização em futuros, o que é isso? A Unesco[5] hoje reconhece que a principal capacidade que a Humanidade vai precisar ter no século 21 é a de ser alfabetizada em futuros. Isso soa estranho, como é que você se alfabetiza em futuros (ainda por cima no plural)? Basicamente, isso vem da seguinte ideia: nós, os modernos, tratamos o futuro como uma medida de sucesso, um lugar em que se quer chegar.

Mas, na verdade, existem vários futuros possíveis. Também podemos argumentar, como diz Ailton Krenak, que o futuro não existe. O passado também já existiu, mas hoje não existe mais. Tem um filósofo francês que eu gosto muito, o Henry Bergson[6]. Ele diz que o que não existe é o presente, que o presente é só uma pele, uma membrana, pois, há um segundo já é passado e daqui a pouquinho já será futuro. Então, o tempo é "um" tempo, único. A prática da alfabetização em futuros é a de não deixar que o nosso presente, que é cheio de problemas, colonize o nosso futuro, de forma ao futuro seguir sendo uma extensão inevitável do presente.

A Ciência lida com o futuro com previsões, por exemplo. Eu trabalhei no Painel do Clima das Nações Unidas, o IPCC, por alguns anos, bem como no Painel de Biodiversidade, IPBES. Essas importantes instituições acadêmicas fazem projeções de cenários, com base em dados históricos. Esse tipo de esforço tem aumentado muito a capacidade preditiva da Ciência. Por exemplo, a chegada de uma grande epidemia ou pandemia zoonótica foi prevista pela Ciência em 2012, inclusive indicando em mapa locais de possíveis eclosão e, também, apontando a família do coronavírus como uma particularmente perigosa. Em 2017, a Organização Mundial da Saúde (OMS) reafirmou o risco. O que fizemos? Nada.

Então, a nossa capacidade humana de prever, prospectar e projetar cenários é de ordem racional e é ferramenta para lidar com o futuro. Todo ser vivo tem capacidade de antecipação, mas até onde se sabe só o ser humano tem essa sofisticação racional na forma de antecipar. Porém, tudo o que é vivo antecipa. Plantas e animais antecipam. Nós, humanos, também antecipamos o tempo todo ainda que não sejamos cientistas. Há mecanismos antecipatórios subconscientes e até inconscientes. O Davi Kopenawa em *A Queda do Céu* mostra que o sonho é uma maneira importante de ele e seu povo lidarem com o futuro. Eles ainda conseguem sonhar; nós, modernos, já temos dificuldades impostas pelos nossos estilos de vida. O sonho diz a eles coisas que os ajudam a tomar decisão. O Ailton, aqui ao meu lado, me diz sobre a mesma coisa: a importância dos sonhos para ele lidar com o futuro.

Provavelmente, isso ainda não acontece comigo. Eu não sonho como vocês sonham, Ailton. Mas agora, sabendo disso, eu vou caprichar nos sonhos! Só de pensar nisso já se abre outras portas para o meu futuro. Alfabetizar-se em futuros é justamente isso. Ouvir e participar de diálogos diversos, eu tenho certeza, expande os meus futuros também. Tudo passa a ser possível. E quando a possibilidade existe, a gente não tem mais que ter medo, podemos nos aventurar, nos jogar. Então, eu acho que, para regenerar, tem que ter coragem e tem que ter escuta. E isso a gente pode construir juntos.

Alguns dizem que isso é otimismo. Eu já prefiro a definição de Ariano Suassuna e acho que sou um "realista esperançoso". Sou mesmo. Eu não acho que a gente, nossa espécie, é parasita do planeta. Eu acho que a humanidade está ainda aprendendo e que, em algum momento, em algum espaço, em algum tempo, a gente vai aprender a funcionar melhor aqui, a entender melhor o nosso papel aqui. Mas essa impressão sempre gera a pergunta: "será que vai dar tempo?" E essa pergunta lembra outra lição que tive do Ailton Krenak, há uns anos, e que me marcou muito.

Estávamos num evento do Selvagem Ciclo de Estudos, em 2018, e uma das pessoas que estava na roda de conversa fez uma fala muito veemente, muito forte, muito convincente acerca de coisas que a gente precisava fazer para mudar o mundo para melhor. Então, um jovem no público levantou a mão e falou: "Poxa, vamos sair daqui dessa roda, vamos pra rua, vamos mudar tudo agora". Ao que o Ailton, que mediava o debate, respondeu: "Peraí, a gente ainda não combinou nada, a gente tem que combinar". Aí o rapaz falou: "Mas não vai dar tempo". Daí, Ailton reagiu, de forma, inesquecível: "Pode até não dar tempo, mas dialogando a gente vai estar juntos, de mãos dadas. Pode até o mundo acabar, mas a gente vai estar unido". Sem dúvida, é melhor isso que seguir um próximo suposto líder que aparecer por aí e ir por maus caminhos novamente.

Esperança ativa é um bocado do que a gente está falando aqui. Essa atitude de esperançar[7], como dizia Paulo Freire, envolve de novo confiança e amor. E também por isso, sou muito grato por estar aqui: confiança e amor eu pude sentir de sobra de todos e todas vocês. Obrigado!

[1] Para mais informações, acessar http://environment-ecology.com/gaia/70-gaia-hypothesis.html e https://www.bbc.com/portuguese/geral-62366033.

[3] Charles Darwin (2003 [1859]), "A origem das espécies". Disponível em: http://ecologia.ib.usp.br/ffa/arquivos/abril/darwin1.pdf . Acesso em: 05 dez. 2022.

[4] Filósofo grego do período Clássico, na Grécia Antiga. Para mais informações, acessar: https://brasilescola.uol.com.br/filosofia/platao.htm.

[5] Organização das Nações Unidas para Educação, Cultura e Ciência (UNESCO). Disponível em: https://unesdoc.unesco.org/ark:/48223/pf0000381115 . Acesso em: 06 dez. 2022.

[6] Ver https://educacao.uol.com.br/biografias/henri-bergson.htm. Acesso em: 06 dez. 2022.

[7] FREIRE, Paulo. Pedagogia da Esperança. Rio de Janeiro: Paz & Terra, 2020.

TORÉ NA TERRA ANACÉ: VIVÊNCIA ANCESTRAL E ENCONTROS ESPIRITUAIS

Leonardo Soares Rodrigues e Ronaldo de Queiroz Lima

Existem muitas formas de se observar o mundo em que vivemos, e, na medida em que nos posicionamos de um modo ou de outro, poderemos perceber mundos diferentes. Diversos campos científicos, tais como Arqueologia, Biologia, Filosofia e Neurociência, nos ajudam a perceber e entender esses mundos e seus respectivos fenômenos, e nos ensinam sobre as diferentes camadas da realidade. Todos esses campos de conhecimento, como também outras Ciências da Natureza e ainda as Ciências Médicas e as Ciências Humanas, têm o ser humano como elemento fundamental das ações, seja como cientista, seja como "objeto" de pesquisa. Todas representam um modelo de compreender a realidade a partir do Homo

Sapiens, seja na sua forma individualizada, a Psicanálise, por exemplo, ou a partir da sua forma coletiva, como fazem as Ciências Sociais.

Embora haja tantos campos do conhecimento, cada qual com seus próprios questionamentos e acúmulos, há um ponto comum a todos eles no tempo em que vivemos. Os manuscritos econômicos filosóficos[1] do tão conhecido Karl Marx nos ajudam a perceber que a ordem hegemônica entre os humanos no planeta Terra é a da maximização do lucro. Isso se dá a partir da intensificação da produção de mercadorias, que, por sua vez, acontece em consequência da constante criação de falsas necessidades. Neste ínterim, há duas relações estruturantes desse mundo humano: a relação capital-trabalho e a relação capital-Natureza.

O capital é constituído de tudo que é necessário para se estabelecer relações favoráveis para a constante maximização do lucro. Em um único mês de estagnação dessa margem, acendem-se os sinais vermelhos do mercado, de seus acionistas e dos especuladores. Esse tipo de gente está sempre influenciando a política econômica de diferentes conjuntos de países do mundo, desde a Revolução Industrial, no século 18. Desde então, a tensão para com os trabalhadores e a Natureza produz mudanças no clima, nos ecossistemas, nos oceanos, nas florestas, nas matas, nos estuários, nas montanhas, no ar, na Terra, ou seja, nas condições necessárias para a vida no planeta, principalmente, a humana.

A serviço da ordem do capital mundial estão os diversos campos de conhecimento. Por isso, a forma ocidental de conhecer está presente em todos os continentes, nas universidades e nas sociedades das quais são parte, justificando a realidade existente, a que deve ser discutida e ensinada, em favor da manutenção das relações capital-trabalho e capital-Natureza, ou escolhendo um desses lados.

Os estudos ameríndios, em especial o Perspectivismo Ameríndio[2] no campo das Ciências Sociais, especialmente a Antropologia/Etnologia, é um ponto de inflexão da forma ocidental de conhecimento. Isso se dá por tornar possível o acesso à informação de que há povos cuja existência se dá, ao mesmo tempo, na dimensão humana e não humana. Nesse sentido, os sonhos, dimensão imaterial e efêmera da vida, diante da voracidade destrutiva do mundo capitalista, organizam a formação da pessoa e a vida social de modo irmanado à Natureza, como também à ancestralidade.

Assim, não há diferença entre Homo sapiens e Natureza. Isso é o que os saberes indígenas nos ensinam.

Até o momento, no Brasil, os povos da floresta detêm maior atenção deste mundo do capital em que todos nós vivemos, seja enquanto obstáculo do desenvolvimento, seja enquanto fonte de solução para um desenvolvimento sustentável. A história do Fundo Amazônico[3] reafirma isso. No entanto, nas demais regiões brasileiras, há povos originários que experimentam, de modos distintos, resistir ao avanço de projetos de desenvolvimento de diferentes níveis. Certamente, o Litoral brasileiro é a zona territorial na qual a modernidade, advinda do "além-mar", promove, há cinco séculos, transformações sociopolíticas, socioambientais, epistêmicas e do corpo humano e não humano.

A diversidade etnolinguística do Litoral brasileiro, no pré-colonial, jamais será conhecida, porém isso não significa que as línguas indígenas, nessa região, não possam ser retomadas. Onde há povo indígena, há língua indígena em potencial. Todavia, as palavras em língua materna indígena silenciadas na colonização silenciaram também formas de existir escandalosas para a modernidade do mundo colonial. A palavra falada, como a escrita, estabelece, mantém e reproduz os sentidos de viver e de entender como isso deve acontecer. O ensino intergeracional da palavra indígena falada foi sendo, gradativamente, interrompido até seu sentido se perder no tempo frenético do mundo do capital em que vivemos. Por consequência, a transmissão do viver irmanado à Natureza também se perdeu nesse mundo.

Tanto essa perda como a possibilidade de repará-la está na existência dos povos indígenas do Litoral brasileiro, desde que se dê importância a eles a partir da perspectiva deles próprios sobre si e sobre o mundo em que vivem. A exemplo disso, a narrativa do povo indígena Anacé, no município de Caucaia, no Ceará, demonstra que a força para resistir há quatro séculos de avanços do mundo do capital está no mundo não humano que acessam. Nesse caso, como no caso narrado por Davi Kopenawa e Albert Bruce[4], o sonho é o portal de acesso ao mundo não humano dos encantados, onde os indígenas Anacé se mantiveram ao longo de quatro séculos. Para retornarem ao mundo do capital, foi necessário o renascimento mnemônico do líder desse povo que se deu a partir dos sonhos que teve.

A narrativa do renascimento do povo Anacé foi escrita pelo Cacique Antônio Ferreira da Silva e publicada após seu encantamento, ou seja, após retornar para o mundo dos encantados. Seu corpo, como dizem os Anacé, foi plantado na terra tradicional em área de retomada. Ao renascer o líder indígena, com o passar dos anos, diferentes pessoas de diferentes troncos familiares foram, gradativamente, renascendo como Anacé.

Na cosmovisão desse povo indígena, a Lagoa do Parnamirim e a Pedra Branca na serra da Japuara são os dois lugares onde o povo Anacé se encantou na virada do século 17 para o 18. Eles permanecem como portais de acesso ao encantado. Assim, embora a paisagem de degradação ambiental produzida por fazendeiros desestabilize o equilíbrio ecológico e interdite a ocupação tradicional Anacé, a tradição do encantamento permanece nesses lugares e com ela a luta indígena pela terra tradicional.

Atualmente, o movimento social organizado por pessoas Anacé signatárias do Cacique Antônio atribui a si a alcunha de Povo Anacé da Terra Tradicional, o que o diferencia de outro grupo Anacé que vive na Reserva Indígena Taba dos Anacé, também no município de Caucaia. A pauta desse movimento é a demarcação de sua terra tradicional, o que é comum nos diferentes níveis do movimento indígena brasileiro. Os limites dessa terra indígena, na perspectiva dos Anacé, são expressos na letra da dança ritual do toré, cuja denominação nativa é "Toré de Demarcação":

Na roda com os troncos-velhos ouvi meu Cacique falar.
Da serra do Guararu até a quebrada do mar.
Partindo do rio do Cauípe até o rio Juá,
É Terra do Povo Anacé, ô guerreiro, vamos por ela lutar!
É guerreiro, vem guerrear!
É terra do Povo Anacé, ô guerreiro, e vamos por ela lutar! (bis)
Natureza tão bela e infinita presente da serra e do mar.
É Terra do Povo Anacé, ô guerreiro, e vamos por ela lutar!
É guerreiro, vem guerrear.
É terra do Povo Anacé ô guerreiro e vamos por ela lutar.
É guerreiro, vem guerrear.
É terra do Povo Anacé ô guerreiro e vamos demarcar. (Bis)
(Autores: Nedson Anacé e Nedilson Anacé)

A narrativa do cacique Antônio criou a possibilidade de outras pessoas Anacé criarem uma canção para toré capaz de definir os limites da terra indígena e de mobilizar para a luta por demarcação. Ela possibilitou também transmitir a informação sobre os limites da terra indígena do Povo Anacé. Imaginando uma rosa dos ventos, a serra do Guararu está ao sul, onde o mar quebra está ao norte, o rio Cauípe, a leste e o rio Juá, a oeste. Demarcar essa terra indígena é tornar a área geográfica correspondente a esses limites patrimônio da União, cujo usufruto é exclusivo do povo indígena Anacé.

Além disso, o toré, quando dançado, mobiliza outras pessoas, humanas e não humanas. Nesse ritual, comum aos povos indígenas no Nordeste brasileiro, estabelece-se a sintonia entre o mundo do capital, onde os Anacé resistem, e o mundo dos encantados, onde eles também existem. Assim, a existência indígena deve ser compreendida como humana-não-humana e o toré como ponto de inflexão ao mundo do capital. Nesse sentido, o toré revela um mundo dos encantados estabelecido entre os indígenas e sua ancestralidade expressa na encantaria.

Esse tipo de dimensão encantada (não humana) é negado por uma forma de enxergar a realidade, por exemplo, pelos instrumentos de laboratório, que classificam plantas como um aglomerado celular e negam sua capacidade de ser entidade, de ser linguagem e sua forma peculiar de cuidar do mundo, o que a perspectiva indígena desafia. O mundo do capital reconhece as propriedades curativas das plantas, fabrica remédios de alto custo com elas e não permite o acesso para a população em geral, e, sobretudo, nega a eficácia da tradição de cura pelas ervas que podemos cultivar em nossos quintais. É inegável, há um mundo que não podemos mais suportar e outro ao qual precisamos nos conectar para não deixarmos de existir.

Nesse sentido, a roda de toré realizada pelos Anacé na Aldeia Queimadas com Ailton Krenak, Fabiano Piúba, Nurit Bensusan, Fábio Scarano, Fernando França e Natasha Faria, com seus respectivos assessores e produtores, pelos participantes do seminário Desnaturada e por tantas outras pessoas não indígenas presentes, rompeu, por algumas horas, a ordem hegemônica do mundo do capital. Convivemos, todos nós presentes naquele toré, em experiência fora da modernidade, reconectando-nos com a Natureza e partilhando da conexão ancestral dos Anacé. Isso nos despertou para outras percepções.

Olhar como nós falamos, como nos mexemos, como gesticulamos, como caminhamos permite observar formas de comunicação ancestral, porque tudo isso acontece sobre o chão e a partir de corpos profundamente vinculados à ancestralidade. A partir de nossos corpos, sentimos cheiros, calor, frio, escutamos sons, por isso pensamos e podemos interagir, conversar com tudo que há no nosso entorno, sem, necessariamente, pronunciarmos uma só palavra. A percepção dos sentidos como forma de diálogo possível entre humanos e não humanos, sejam encantados ou um bosque, torna possível ver narrativas silenciosas, chamam-nos a atenção sábios populares e indígenas.

Na Aldeia Queimadas, Ailton Krenak foi apresentado aos líderes da comunidade. Diante do Cacique Roberto Anacé, Ailton tocou suas mãos e fechou os olhos. O mesmo se deu com outros dois troncos-velho, o seu Zé Augusto e o seu Adriano. A cena passou a sensação de querer sentir o outro por inteiro, de perceber a existência do parente indígena.

O ritual teve início com a benção do cocar do Cacique Antônio, realizada pelo seu Zé Augusto, em todas as pessoas dispostas em círculo, cuja primeira pessoa foi o Cacique Roberto, herdeiro do cacicado Anacé. O tronco-velho com o referido cocar e um ramo tocou a cabeça, o peito e os ombros de cada uma das pessoas presentes, de modo a fazer uma cruz. É possível associar esse gesto com rituais de limpeza e de bênçãos observados em diferentes cultos. Assim, os corpos imersos na bênção ancestral, indígenas e não indígenas, estavam prontos para, por sintonia, estar ao lado dos Anacé enquanto evocavam os seus ancestrais.

Dentre os presentes, os não indígenas que tiraram suas sandálias puderam experimentar a extensão de suas percepções acostumadas ao distanciamento da Natureza. Por um momento, a reconexão com o planeta Terra permitiu aos indígenas e aos não indígenas uma percepção sutil. A seguir, o relato de uma pessoa não indígena, coautor deste ensaio, que teve uma visão mediúnica no momento da realização do toré dos Anacé na Aldeia Queimadas.

> *As músicas evocatórias foram cantadas, e daí não via mais apenas aquela cena, foi se desenhando em minha tela mental um outro grupo de indígenas encantados, um grupo de uns vinte indígenas dançando*

em sentido horário em torno de todos nós, um grupo pequeno dos seres em corpos pesados na roda, era tudo muito claro, esses seres brilhavam com seus maracás e outros instrumentos que eu desconhecia. Eu lembrei o dia anterior em que Sidarta Ribeiro falava dos sonhos, e nos pediu para criar uma cena de futuro, para sonharmos o mundo acordados. Não deu teu tempo de divagar em pensamentos, outra imagem surgiu, em torno de todos nós, um grupo ainda maior que girava em sentido anti-horário, e eu que não conhecia a ritualística do toré me perguntava se era possível. A mente cartesiana querendo dar sentido à percepção sensorial. Felizmente, fui vencido pelas forças da intuição, essa forma de conhecer o universo, sem a racionalidade pragmática. Outra cena surgiu, todos os que estavam ali, o grupo pequeno ao centro que dançava, o grupo maior que estava em torno dele e os dois grupos de encantados, girando em torno de nós. Estávamos embaixo de uma oca gigante, que cobria até a copa das árvores que estávamos debaixo. Essa oca encantada era elaborada de uma madeira e de uma palha tão brilhante que lembrava ouro, ou um tipo de sol, que não era o sol desse mundo [...] Os encantados nos colocam numa oca gigante, bichos e plantas, e dançam em torno de nós.

Após vivenciar essa experiência, fico a me questionar, por que, entre tantos indígenas, me aparece essa visão? Natural seria que a um cacique, ou a um outro indígena, apresentasse-se essa visão de mundo... Ou seria melhor, os ancestrais encantados escolherem um outro, um não indígena para experienciar uma realidade extrafísica, mas não menos natural, para justamente falar em uma linguagem imaginária da natureza integrada, que não assimilada por um tipo de racionalidade? Perceber tudo isso, a dimensão de outra realidade do Toré, é participar não de uma visão de mundo, mas de uma cosmopercepção, uma linguagem construída por não-palavras, mas por imagens mentais que se multiplicam e explicam um determinado contexto, que escapa ao modo de investigação do humano não indígena, de educação racional cartesiana. Assim, penso que a cosmopercepção é uma epistemologia primordial dos povos indígenas de todos os territórios, que integra um conjunto de análises próprias das realidades vividas, como os sonhos, a linguagem das plantas, dos rios, e do mundo invisível da encantaria. Para tanto, para desenvolver essas percepções, todo um sistema tradicional de educação é preservado, toda uma espiritualidade é experienciada, evitando o desaparecimento desses mundos, que se relacionam continuamente, compondo um mesmo mundo. Sem a dança, a ciência das ervas, os cantos sagrados, sem o Toré Anace, o mundo se desencanta, e o céu pode desabar.

Leonardo Soares Rodrigues, novembro de 2022

O transe revela aspectos da existência que fogem aos sentidos do corpo desperto, como quando sonhamos. Revela-nos, também, que a reconexão com a Natureza passa pela conexão com os ancestrais e que indígenas e demais humanidades são dotados dessa capacidade. No entanto, como fazemos isso nos diferencia. A tradição espírita kardecista, a ritualidade no Candomblé, na Umbanda, e a glossolalia no movimento cristão carismático demonstram a faculdade mediúnica como um dos sentidos humanos. Isso para ficar em poucos exemplos. Em si, a mediunidade não significa proximidade com a Natureza, senão em potencial.

Porém, durante a roda de toré Anacé em Queimadas, a reverência e a comunicação ancestral, em certa medida comungadas por quem estava presente, reafirmaram a cosmovisão nativa sobre a continuidade da existência do Cacique Antônio, no mundo dos encantados, como também o chão que pisamos e tudo que sustenta como patrimônio cultural indígena.

Após o toré, os participantes do seminário Desnaturada fizeram uso da palavra, bem como outras pessoas consideradas importantes pelas lideranças Anacé que organizaram o momento. Ailton Krenak fez uso da palavra por último e encerrou o encontro. Ao iniciar, soou um instrumento ritualístico, girando-o de modo a conectar o Povo Krenak ao Povo Anacé e disse: "Meu povo Krenak, nesse instante, se une ao povo Anace!". Tratou-se de uma bênção ancestral do povo Krenak. Essa intelectualidade indígena nos diz que há outras formas de aproximação entre povos, de se fazer aliança, que desconhecem distância. Além disso, tornou-se nítido que o corpo indígena consolidado transporta consigo o seu próprio povo, o que potencializa os objetos que porta, dotando-os de significado profundo e de poder ancestral.

Por mais que possa parecer simbólico, no sentido de icônico, na verdade, o que se deu, a partir da percepção dos indígenas Anacé e Krenak, aproxima-se bem mais do sentido dado por Deleuze e Gattarri a ideia de imanência[5]. O que faz sentido e sustenta conceitos nativos se dá em movimentos de imanência na Natureza, interações contínuas entre e para com o Outrem não humano e criação de conceitos, por consequência. Nesse caso, o não humano tanto é a terra devastada pelo incêndio, que deu origem à Aldeia Queimadas, em consequência de processo de retomada Anacé, como os encantados e seu mundo, como ainda os lugares do encantamento Anacé, a Pedra Branca e a Lagoa do Parnamirim.

Por isso, os Anacé retomaram o terreno queimado e construíram a Aldeia de Queimadas. Eles não fizeram isso como protetores naturais da Mãe Terra, fizeram porque são parte da Natureza. Eles próprios queimaram no incêndio criminoso iniciado por pessoas ligadas a posseiros e eles próprios retomaram a posse e iniciaram um processo de recuperação do solo e da mata. Eles olham para as árvores que ainda estão de pé, reúnem-se em rituais e para outras atividades sobre a sombra da copa das mangueiras que sobreviveram e ainda lamentam os animais encontrados carbonizados, como camaleões e tejos. Há famílias que já colhem os roçados feitos depois do incêndio.

Nesse sentido, a terra tradicional dos Anacé degradada por fazendas, ao longo dos séculos, interdita uma forma de humanidade irmanada com a Natureza e com a encantaria. Não é somente uma disputa fundiária, é uma luta pelo direito de ser indígena, o que implica na conexão com o planeta. Isso é obstaculizado pela impermeabilização física, epistêmica e fenomenológica do mundo do capital. Porém, os indígenas Anacé, como os demais povos originários brasileiros, seguem vivenciando suas tradições de reconexão com o planeta Terra, mesmo diante do avanço dos projetos de desenvolvimento.

No mundo do capital, a luta indígena se dá, como disse, pela demarcação de suas terras de ocupação tradicional. Ailton Krenak defende um ato declaratório do novo governo federal em favor do reconhecimento de todas as terras indígenas em território brasileiro, o que seria governar pela Constituição Federal de 1988. Porém, sabemos que o projeto de desenvolvimento sustentável permanece como estruturante no horizonte dessa nova gestão política brasileira. Então, como diz Arturo Escobar[6], como uma saída moderna poderá nos livrar da armadilha da modernidade?

---

[1] Ver: https://marcosfabionuva.files.wordpress.com/2011/08/manuscritos-econc3b4mico-filosc3b3ficos.pdf . Acesso em: 12 de dezembro de 2022.

[2] Ver: https://ea.fflch.usp.br/conceito/perspectivismo-amerindio#:~:text=O%20perspectivismo%20amer%C3%ADndio%20diz%20respeito,e%20da%20composi%C3%A7%C3%A3o%20do%20mundo. Acesso em 12 de dezembro de 2022.

[3] Ver https://mudarfuturo.fea.usp.br/wp-content/uploads/2013/11/Fundo_Amazonia_Evolucao_Recente_e_Perspectivas_Final.pdf

[4] Ver https://edisciplinas.usp.br/pluginfile.php/4886744/mod_resource/content/1/A_QUEDA_DO_CEU.pdf . Acesso em: 12 de dezembro de 2022.

[5] DELEUZE, Gilles; GUATTARI, Félix. O que é a filosofia. Rio de Janeiro: Editora 34, 1997.

[6] ESCOBAR, Arturo. Sentipensar con la tierra: las luchas territoriales y la dimensión ontológica de las epistemologías del sur. AIBR: Revista de Antropología Iberoamericana, v. 11, n. 1, p.11-32, 2016.

DESNATURADA

Ailton Krenak

Nós ficamos pensando se o seminário Desnaturada deveria ser chamado de roda de conversa, simpósio, de qualquer outro nome. A questão é que uma roda de conversa, por mais rica que seja, costuma se perder no tempo. Mas, se a gente conseguir chamar a atenção, levar pessoas que contribuam de verdade para um enunciado novo sobre direitos da natureza, a nossa relação com a Terra e sobre a nossa crescente desnaturalização, então, deveríamos realizar um seminário. Nós chegamos à conclusão de que o assunto é suficientemente relevante para se chamar seminário. Então, então, o livro Desnaturada resulta do seminário homônimo.

A incidência do nosso seminário é exatamente sair da narrativa Cultura e Natureza e dizer que a Natureza sofreu uma violência epistêmica quando, ao longo dos séculos 18 e 19, o pensamento ocidental separou o nosso corpo humano da Terra. Essa separação é dramática. Ela está causando a mudança do clima e uma certa transição da era que nós vivíamos. Nós estamos indo agora para uma coisa que estão chamando de Antropoceno[1].

Esse Antropoceno é uma distopia[2], é um descolamento entre a vida humana e o planeta, pelo qual nós vamos ser esmagados por pandemias, crises gravíssimas e por conflitos entre nós, os humanos, as guerras, porque nós entramos numa espécie de "modo destruição". Muito provavelmente, o organismo da Terra, que é um organismo vivo, inteligente, está nos mandando uma mensagem irremediável. Ele pode estar dizendo para nós: ou vocês se emendam ou a Terra apaga essa humanidade. Não é uma pandemia, é um apagão. Se a Terra tirar durante dez minutos o oxigênio da humanidade, da biosfera, do planeta, a gente morre, os humanos todos. Provavelmente, alguns animais também, mas o resto da vida na Terra continua. Nós só vamos ser descartados como lixo porque nós estamos nos tornando um lixo no corpo da Terra.

A crise se instaura quando a gente separa o pensamento humano dos outros seres todos. Dos peixes, dos pássaros, das árvores, das aves, de tudo. Assim, a gente vive como estranhos no organismo da Terra quando, na verdade, a humanidade viveu milhares de anos sendo Natureza.

O que pode acontecer num debate sobre a Cultura, a Natureza? Isso aí seria repetir mais do mesmo. Ninguém disse nada de novo sobre Cultura e Natureza desde os anos 1940, 1950. Os filósofos franceses, europeus, encaixam-se nessa narrativa de Cultura e Natureza porque a Europa já estava totalmente pasteurizada. Eles não tinham mais essa vida que nós ainda experimentamos no século 21, de estar subordinado a uma cadeia de eventos naturais, os quais vão desde os tsunamis às tempestades e aos vulcões.

Tudo que existe no corpo da Terra sempre esteve aqui. Quem nem sempre esteve aqui somos nós. O Homo sapiens não esteve sempre aqui. O renomado antropólogo Lévi-Strauss diz, com certeza, que a Terra já existia muito antes dos humanos e que os humanos não vão estar aqui acompanhando a história da Terra. A Terra tem bilhões de anos. Os humanos são um organismo até compatível com a vida na Terra, mas eles estão se tornando estranhos. E a gente vai ser.

Nós somos Natureza, a gente sempre foi, mas, em algum momento da nossa história, isso que se chama de modernidade introduziu uma camada estranha na nossa relação com a vida na Terra. Entre nós e os oceanos e as florestas. A exemplo disso, a própria ideia da agricultura como uma disrupção. A ideia da revolução agrícola de se produzir comida indefinidamente como se fosse um biodigestor. Esse "biodigestor", que não para de produzir, é doente. Mas, ele é apresentado pela ideia industrial da comida como prosperidade, fartura e uma promessa de vida abundante.

Agora na Conferência das Partes em Sharm el sheikh, no Egito, (COP 27), o presidente Lula disse que nós não vamos mais ser uma plataforma extrativista do agronegócio. Ele disse que nós vamos nos comprometer com a agrofloresta. As pessoas vão ter a oportunidade de reestabelecer práticas agroflorestais, quer dizer, de produzir alimento saudável. Isso é um esforço consciente de desfazer a camada que foi introduzida nas nossas relações pelo mercado, de modo a transformar a comida em mercadoria. O mercantilismo que se introduz entre o nosso corpo e a terra é o que faz o alimento virar mercadoria, commodity. Comida não é mercadoria. O alimento não é mercadoria. Assim como a água não é mercadoria, o ar também não é mercadoria.

Então, para o mercantilismo, o país pode ser o maior produtor de alimentos do mundo e deixar metade da população morrer de fome. É uma injustiça grave que está apoiada numa mentalidade, na qual poderíamos identificar a narrativa que separa a Cultura da Natureza. Separa o nosso corpo da Terra, quando, na verdade, a humanidade viveu milhares de anos sendo Natureza. Ela introduz uma série de mudanças no nosso cotidiano, inclusive o modo de morar, habitar a Terra.

Nós passamos a habitar a Terra em caixas de concreto. Empilhadas uma em cima da outra. Nós temos uma concentração de mais de oitenta por cento da população do Planeta vivendo em áreas urbanas. A cidade não produz nada, consome. A cidade é um sumidouro de energia. É para isso que você precisa construir hidrelétrica, é para isso que você precisa furar o chão e tirar o petróleo. Você precisa sugar o corpo da Terra para manter esses ambientes artificiais que nós chamamos de Metrópoles. Elas são artifícios para a gente fazer de conta que nós estamos tendo atendidas todas as nossas demandas de comida, saúde, segurança. Quer dizer, é uma jaula dourada e a maioria de nós acha confortável.

Oitenta por cento da população do planeta vive em áreas urbanas. Choca saber que não é um fenômeno restrito ao Brasil, onde a gente viveu a experiência do êxodo rural patrocinado por duas ditaduras: uma do Getúlio Vargas e a outra oriunda da queda do Jango. Foram-se quarenta anos de assédio urbano quando as pessoas eram provocadas a sair do campo e ir para a cidade. Nos últimos vinte anos, a narrativa de cisão entre Cultura e Natureza vem recoberta de outra justificativa: que nós precisamos levar as pessoas para a cidade para que elas possam estudar. Essa é a ideia do progresso, da modernidade, da civilidade, da urbanidade, como se a única maneira de você ter uma experiência de cidadania fosse viver numa Metrópole.

Chico Mendes dizia que a gente podia imaginar uma florestania, o que não tem nada a ver com caixa de concreto. Ela tem a ver com a floresta. É muito curioso, agora no século 21, as pessoas estão de novo lembrando que a floresta pode ser uma maneira da gente restabelecer uma certa conciliação do corpo humano com a Terra. A floresta seria o vínculo de refazer uma "refazenda", uma revivência, como diz a canção "Abacateiro acataremos o teu ato, nós também somos do mato como o pato e o leão" (GIL, 1975). Voltar a ser pato e leão, deixar de ser essa abstração mental.

O importante cientista Dr. Antônio Donato Nobre diz que o nosso corpo passou a ser só um veículo que transporta um cérebro, o corpo não importa. A gente carrega uma cabeça que pesa mais do que o mundo, dizia o poeta Carlos Drummond de Andrade (1940). Então, nós andamos por aí com uma bola pesadíssima que é esse mundo estranho, mental, que domina tudo, que abstrai tudo, que se afasta da Terra e que ainda tem a coragem de dizer para as crianças: não ponha a mão na terra, a terra é suja. Limpa a mão, lava a mão, não se senta no chão, não ponha a mão na boca. Assim, tornamo-nos essa humanidade estéril.

Há uma mídia desenvolvida a partir de uma experiência, ao longo da pandemia, chamada de Flecha Selvagem[3]. O episódio sete tem o título de "A fera e a esfera". A fera somos nós, os humanos, e a esfera é o planeta. O argumento da flecha sete diz como nós fomos nos afastar desse pertencimento ao organismo da Terra. Separamo-nos do escopo da Terra de uma maneira tão vertiginosa que daria para imaginar um zoon. A gente se afasta feito um foguete indo para o espaço e de lá de cima faz uma fotografia da Terra cá embaixo, igual ao astronauta soviético Yuri Gagarin (1961), que disse "a Terra é azul".

Quer dizer, quando a gente tem a experiência corporal de descolamento da Terra, nós estamos fora da órbita do planeta. Esse movimento desnatura a Terra. Ela deixa de ser Natureza. Ela passa a ser uma espécie de metanatureza. Uma coisa da qual você pode pensar, mas ela está tão fora de você que não te afeta. É como imaginar o metaverso, que é aquele lugar onde você não está de verdade, mas a sua mente habita aquele lugar abismal.

Fábio Scarano comenta que um autor clássico, europeu, já no século 19, usava o termo desnaturada para denunciar que a Terra estava sendo esterilizada, pasteurizada, desnaturada. Nós, Homo sapiens, estávamos fazendo manipulação genética, tirando uma planta de um lugar e levando para outro. Quando Darwin fez a viagem de navio coletando plantas e bichos para fazer a sua teoria da evolução, estava fazendo um experimento. Foi uma espécie de catalisador, provocando um contágio acelerado entre espécies que surgiram em diferentes ecossistemas. Agora, estamos bagunçando a ordem genética delas, misturando-as.

A gente começou a ter resposta disso quando teve coisas como a Peste Negra, a Influenza, a série de pandemias que sucedeu no século 20. Essas coisas todas acontecem tudo ao mesmo tempo, como se você jogasse tudo no liquidificador e o ecossistema terrestre reagisse a isso produzindo uma resposta que é o Antropoceno. As marcas que a gente está deixando no corpo da Terra são indeléveis. Não dá para fazer uma maquiagem e consertar depois.

Nós estamos introduzindo uma nova epistemologia no trato com esse mundo maravilhoso, que é a nossa Mãe Terra. Durante o século 20, foi plasmada a ideia consumista, extremamente materialista, de ser uma plataforma que a gente pode picotar, moer, torrar, botar num trem e mandar para outro lugar do mundo. O meu querido escudo invisível, o Carlos Drummond de Andrade, denuncia isso como uma maquinação do mundo. A devoração do mundo começou com uma escolha no século 19, avançou no século 20 e chegou ao século 21 sob o elogio da ideia de Cultura e Natureza.

Ora, todo mundo que tem mais de trinta anos sabe que, nas décadas de 1970, 1980, as nossas publicações, revistas, editoras, universidades folgaram com o culto dessa separação entre Cultura e Natureza. Havia uma publicação muito disputada na década de 1980, 1990, que era a revista "Cultura e Natureza". Na verdade, é mais do que uma revista, é um livrinho volumoso. Todo mundo das Ciências Sociais tomava como referência; assim, entrou na bibliografia de muita gente.

Essa ideia de Cultura e Natureza ficou impregnada em várias gerações, de tal modo que se a gente perguntar para uma criança pequena o que é Natureza, essa criança vai apontar uma árvore, uma nuvem, um passarinho, mas ela não vai apontar para aquele corpinho humano dizendo que ela é Natureza. Natureza é tudo que está fora. Essa abstração do humano botou a gente numa enrascada.

Essa Conferência do Clima, a COP 27, que não conseguiu chegar a nada, se encerrou com uma declaração do Antônio Gutierrez de que a humanidade está marchando a passos largos para o inferno. Parece com uma letra de rock'n roll. Eu pensei: esse camarada tirou isso de alguma música do Bob Dylan ou dos Rolling Stones. Mas, não! Ele tirou da nossa absurda realidade de termos conseguido separar a experiência da vida do corpo da Terra, como se a gente pudesse ir a qualquer lugar do planeta ou até fora da órbita do planeta Terra continuando a nossa virtualidade de vida.

A gente tem como intenção retirar esse debate da academia. Essa não pode ser uma conversa só de doutorado, mestrado, ou constar nas teses de não sei quem. Esse assunto tem que ser um assunto que nos implica para que a gente possa, de alguma maneira, pelo menos do ponto de vista da narrativa, instituir outras histórias sobre nós e a nossa Mãe Terra. Parar de repetir esse "papo furado" de Cultura e Natureza. Isso é uma mentira indecente que se instituiu a serviço do capitalismo. A gente só chegou nessa coisa do "capitaloceno", nessa abstração absurda do humano dentro da Terra, porque tem uma narrativa edificante de Cultura e Natureza.

Por fim, Desnaturada é um termo que o meu querido Fabiano Piúba falou: mas, desnaturada? É muito pesado esse termo. Aqui, na minha região, desnaturado é um filho que não gosta dos pais, que abandona a família. Então, foi isso que a gente fez com a Terra, ela é nossa Mãe, então nós estamos desnaturados.

[1] "No Antropoceno, a humanidade danificou o equilíbrio homeostático existente em todas as áreas naturais. Alterou a química da atmosfera, promoveu a acidificação dos solos e das águas, poluiu rios, lagos e os oceanos, reduziu a disponibilidade de água potável, ultrapassou a capacidade de carga da Terra e está promovendo uma grande extinção em massa das espécies. O egoísmo, a gula e a ganância humana provocam danos irreparáveis e um ecocídio generalizado, que pode se transformar em suicídio". Disponível em: https://cee.fiocruz.br/?q=node/1106 . Acesso em: 29 nov. 2022.

[2] "Qualquer descrição imaginativa de um país, de uma sociedade ou de uma realidade em que se vive em condições de extrema opressão ou em regime totalitário, por oposição à utopia". Disponível em: https://michaelis.uol.com.br/busca?r=0&f=0&t=0&palavra=distopia . Acesso em: 29 nov. 2022.

[3] Disponível em: https://www.youtube.com/watch?v=Cfroy5JTcy4. Acesso em: 23 nov. 2022.

CULTURA E NATUREZA: PÔR A CABEÇA À ALTURA DO CORAÇÃO

Fabiano dos Santos Piúba

O seminário "Desnaturada – cultura e natureza" não se resume a um mero objetivo acadêmico. Nossa intenção foi a de gerar sentido e sentimento na reflexão e para a ação em torno do restabelecimento da conciliação do corpo humano com a Terra, da diversidade cultural com a biodiversidade natural como corpos e espíritos que se reúnem e se renovam e se sonham e se regeneram em comunhão.

As conversas aqui compartilhadas buscam aproximar cosmovisões que misturam essa experiência de conversar e de sonhar com a Terra para que possamos pisar leve, dançar leve sobre a Terra Mãe, como nos faz pensar Ailton Krenak, numa cosmovisão em que cultura e natureza possam se reconhecer em convívio solidário e comum. Uma consciência nos diz que, para além da cidadania, necessitamos da florestania.

Nesse caminho, a expressão que encontramos como um mote para o seminário foi "desnaturada", palavra trazida por Ailton Krenak em nossas conversas entre 2020 e 2022. A ideia de desnaturação da Terra surge como uma reflexão vital para os tempos que correm. Numa primeira mirada, parece nos levar ao senso comum de "pessoa desnaturada", do "filho desnaturado" pela mãe que lhe pariu, mas também pela Mãe Terra.

O filho desnaturado é uma espécie de ser desprovido de qualquer humanidade ou de futuro, o que já provoca um certo paradoxo e, ao mesmo tempo, uma boa oportunidade para reunir a natureza-humana com a natureza-Natureza. Como um caminho imaginado, a cosmovisão de que o futuro é ancestral em sua composição mais orgânica e encantada, circular e espiral de nosso pertencimento ao organismo da Terra, que nos remete aos tempos da Natureza na natureza dos tempos, reúne Cultura e Natureza sem qualquer hierarquia ou primazia entre os seres, pois aprendemos tanto com um passarinho, uma árvore ou uma pessoa.

Ailton Krenak, com sua cosmovisão indígena — que se nutre também de seus encontros de décadas e milênios com o Davi Kopenawa —, nos traz a ideia de adiar o fim do mundo, de sonhar a Terra e de conversar com Ela numa dança cósmica. Então, quando Gilberto Gil canta que somos a ferida, a podridão e a morte, ele também nos recorda que somos a beleza, o fogo, a ressurreição. Essa é a aposta desse seminário, pois Ailton diz que é uma constelação de gente que ainda é capaz de cantar, de dançar, de fazer chover e de contar histórias que vai adiar o fim do mundo. Não deixa de ser um lampejo de luz diante da desgraça humana, mas também perante a natureza-humana-natureza que é Ailton Krenak com toda sua ancestralidade e futuro.

"Nós somos Natureza, sempre fomos", afirma Ailton Krenak no pensamento curatorial desse seminário. E prossegue: "Mas, em algum momento da nossa história, isso que se chama de modernidade introduziu uma camada estranha na nossa relação com a vida na terra, nos oceanos e florestas. A própria ideia de produzir comida indefinidamente, esse biodigestor que não para de produzir, ele é doente, mas é apresentado pela ideia industrial da comida como prosperidade, fartura, vida abundante.

Alimento não é mercadoria, assim como a água. Uma injustiça grave que está apoiada em uma narrativa que separa Cultura e Natureza, separa o nosso corpo da Terra, introduz uma série de mudanças no nosso cotidiano, inclusive o modo de morar".

Se somos Natureza é porque a Natureza também é a gente. Ao longo de três dias, fomos tomados por esse sentido, significado, sentimento. Expressando melhor, tomados por esse espírito. Se separam Cultura e Natureza, temos que ajuntá-las como cosmovisões solidárias. Se separaram o corpo da terra, a gente as reúne em cosmo-vivências comunitárias.

Fizemos isso sonhando a Terra que nos sonha, pensando como podemos ser regenerantes de Gaia, afirmando as ancestralidades e as cosmovisões indígenas e afro-brasileiras, pisando suavemente sobre a Terra, imaginando o presente como um futuro ancestral com Ailton Krenak, Sidarta Ribeiro, Nurit Rachel Bensusan, Marina Araújo, Mateus Tremembé, Jéssica Ohara Chuab, Marcos Colón, Fábio Scarano, Valéria Carvalho, Verônica Carvalho, Sandra Petit, Mariana Teixeira, Nurit Rachel Bensusan, Thiago Almeida, Vic Andrade, Tércio Araripe, Macaio, Cacique Roberto Anacé e Ailton Krenak, com mediação de Ronaldo de Queiroz Lima.

Como contribuição para essa nossa conversa, compartilho dez movi(pensa)mentos: o vírus somos nós, a des-graça humana, aguar, florestanear, a Terra fala, (r)existir, o futuro é ancestral, pôr a cabeça à altura do coração e refazenda, refloresta. E quando penso nesses movimentos, uma força poética me leva para Gilberto Gil com sua refazenda e refloresta. Elas são as canções que seguem como trilhas sonoras do Seminário Desnaturada – Cultura e Natureza.

UM: O VÍRUS SOMOS NÓS

O vírus somos nós. Sugiro uma suspensão. Um exercício de afastamento do Planeta Terra, como se fôssemos um astronauta ou mesmo a Estrela Dalva. Vista de longe, na "Hipótese de Gaia" pensada em 1969 pelo químico James Lovelock, a Terra é um organismo vivo que respira e se autorregula.

O yanomami Davi Kopenawa, lá do fundo da floresta, vai além num alerta para a humanidade: "Acho que vocês deveriam sonhar a Terra, pois ela tem coração e respira. [...] A floresta respira, mas os brancos não percebem. Não acham que ela esteja viva". A Terra precisa respirar.

O livro "A queda do Céu" soa como um recado. Por que estou fazendo essa associação entre as palavras de Kopenawa e o contexto da pandemia? Porque não deixa de ser amargo que a Covid-19 tenha nos matado sem fôlego, deixando-nos sem respirar.

Seria um recado da Mãe Terra diante da devastação do mundo causada pelo vírus humano? Essa conexão não deixa de ser instigante. Repensamos nossa relação com as outras espécies e com a Natureza ou nos afundamos nessa catástrofe planetária em que estamos metidos. Desenvolvemos o espírito solidário no compartilhamento das culturas e das economias geradas ou estamos fadados ao fracasso físico e espiritual como seres humanos. Nós, que ameaçamos tantas espécies, seremos extintos.

Em meio à pandemia, muitos celebravam o ano desdenhando da ciência e desfilando sobre mais de dois milhões de pessoas no mundo, que não respiram mais conosco o ar que a Terra ainda nos oferece. Ainda, porque o ser humano — esse vírus devastador — tem sufocado a Terra e a si mesmo.

O que nos resta de ar e de esperança é que o antivírus somos nós mesmos. Davi Kopenawa, por exemplo, é um antivírus. Só nós podemos fortalecer o sistema imune de nossa natureza humana, espiritual e amorosa, produzindo anticorpos contra esse ciclo devastador humano que tem infectado sua própria Mãe Terra. Que sobreviveria sem nós, mais verde e mais azul. Porém, Ela nos ama tanto que não desiste de seus filhos. Seja uma árvore, um pássaro, um felino, um inseto, um peixe ou uma menina.

DOIS: A DES-GRAÇA HUMANA

Dentre todas as criaturas, bichos e espécies viventes debaixo do sol, a mais desgraçada e sem futuro é a raça humana. A esperança que resta, talvez, seja o fato de estarmos em extinção e isso poderá salvar o planeta Terra.

Essa devastação em curso parte da hegemonia da sociedade ocidental fundada na primazia do capital e em modelos de governança em que predominam a noção do progresso a qualquer custo em detrimento de um desenvolvimento mais sustentável. Essa primazia sempre se recusou a reconhecer, conviver ou aprender com outras cosmovisões orientais, ameríndias, africanas de convívios mais harmoniosos entre Cultura e Natureza. Ou seja, o Ocidente não aprendeu nada, nem mesmo com seus lampejos próprios, como o Renascimento, o Iluminismo ou a Declaração Universal dos Direitos Humanos. Aliás o que esperar de uma civilização que promoveu o colonialismo com base na escravidão e no extermínio de povos originários?

Por um momento, cheguei a ter a ilusão de que poderíamos sair melhores como seres humanos nessa travessia da pandemia. Mas que nada, mera ilusão. Dentre os resultados desses quase três anos, os pobres ficaram mais miseráveis e os que já eram ricos ficaram mais podres de ricos.

Achando pouco, inventam outra guerra — Rússia x Ucrânia — com vistas ao reequilíbrio do capitalismo ocidental no mapa geopolítico global. Para além dessa, esquecem-se daquelas guerras que são enfrentadas diariamente para mera sobrevivência nos mais distintos rincões do mundo pelos povos refugiados e exilados em suas próprias terras, sem acesso às premissas básicas impressas na Declaração Universal dos Direitos Humanos, pensadas, exatamente, pós Segunda Guerra Mundial.

O fato é que, recordando um verso do poeta Manoel de Barros, "o cu de um passarinho é mais importante do que a bomba atômica". Ou seja, qualquer ser vivente é mais importante do que a guerra. Mas nós, seres humanos, não aprendemos. E aí o planeta Terra seguirá sem nós que, diante da velha dicotomia entre o ser e ter, insistimos em acumular e consumir.

Mas aí ligo a memória musical e Gilberto Gil canta que "a raça humana é a ferida acesa/uma beleza, uma podridão/o fogo eterno e a morte/a morte e a ressurreição". Não deixa de ser um lampejo de luz diante da desgraça humana.

TRÊS: AGUAR

Aguar é verbo que se faz necessário para esses tempos que correm. Sua inspiração vem de uma escultura de Zé Tarcísio intitulada "Movimento I", uma obra de 1974. Nela temos um regador suspenso no ar aguando pedras. Estamos vivendo tempos endurecidos e precisamos, sim, aguar pedras, as nossas e as dos outros.

Eu águo, tu águas, ele água, nós aguamos, vós aguais, elas águam para a gente cultivar a gente e o outro.

Que eu ágüe, que tu ágües, que ele ágüe, que nós aguemos, que vós agueis, que elas águem para a gente florescer o mundo e as espécies.

Água tu, ágüe você, aguemos nós, aguai vós, águem vocês para a gente se banhar de luzes.

Quando eu aguar, quando tu aguares, quando ele aguar, quando nós aguarmos, quando vós aguardes, quando elas aguarem estaremos mais fortes e resistentes.

Por aguar eu, por aguares tu, por aguar ele, por aguarmos nós, por aguardes vós, por aguarem elas, estamos mais bonitos e livres.

Eu aguarei, tu aguarás, ele aguará, nós aguaremos, vós aguareis, elas aguarão para transformar corações de pedras em águas.

O verbo aguar é movimento que se faz de dentro para fora e de fora para dentro num enlace solidário entre a natureza humana e a natureza do universo. Somos natureza. Compomos essa manifestação biológica, mas fomos esquecendo a nossa condição natural. Isso nos embrutece. Daí precisamos nos aguar para a vida dar flor e fruto. Só existimos porque a Mãe-Terra é mãe-água, um só espírito. Ela água, eu água, tu águas e nós aguamos.

Natureza tem a ver com força geradora e nascimento, portanto, com futuro. Nosso tempo está se esgotando e o mundo, sendo devastado. A Mãe-Terra-água não precisa de bombeiros (tampouco de boi) e sim da regeneração dos seres humanos para darmos de volta o amor que Dela recebemos.

Deixemos florir as florestas que habitam dentro da gente. Elas fornecem a água para cultivar a vida em sociedade e a convivência entre as espécies, fazendo-nos mais resistentes e bonitos tal Jatobá na Floresta Amazônica, Ipê no Serrado, Peroba no Pantanal, Jacarandá no Sul, Juazeiro no Sertão, Cajueiro na Praia, Baobá na África, Pau Brasil na Mata Atlântica.

QUATRO: FLORESTANEAR

Florestanear é um verbo inventado a partir de uma palavra nova que vem do líder indígena Ailton Krenak: florestania[1].

Num contraste ao termo cidadania, Ailton Krenak fala de florestania como uma ideia inventiva dos povos da floresta num alargamento do exercício da cidadania, contrapondo a percepção reduzida de cidadania a uma rua asfaltada, água na torneira, polícia, hospital ou propriedade privada. Para Krenak,

> A modernidade ocidental inaugurou a primazia do homem sobre a natureza. Postulado no qual somos senhores e possuidores absolutos da natureza, compreendendo-a como um ambiente para ser explorado em nome da civilização, do progresso, do desenvolvimento, do consumo e, mais recentemente, da sustentabilidade (KRENAK, novembro de 2022, seminário Desnaturada – Cultura e Natureza).

A florestania traz outra percepção. Para além das cidades, as florestas. Para além dos cidadãos, os florestãos. Para além da cidadania, a florestania. O exercício dos direitos e deveres dos povos das florestas que não têm a propriedade privada como fundamento e o consumo como modo de vida.

Mas a florestania não é só uma luta na defesa dos territórios dos povos das florestas. Ela traz consigo a biodiversidade e a comunhão com a natureza, ao tempo em que questiona a hegemonia predatória das grandes cidades. Portanto, para além do direito ao meio ambiente, os direitos próprios da natureza. Noutras palavras, os direitos da Mãe Terra. Os direitos de ela existir, crescer e regenerar num ecossistema equilibrado, incluindo todas as espécies; dentre elas, nós, seres humanos, que também somos Natureza.

Nesse sentido, a florestania nos recorda os tempos da natureza e de fruição da vida. Um tempo que não é efêmero nem ligeiro, pois são feitos de ancestralidades que nos atravessam como rios dentro da gente, aguando nossa existência.

A florestania é a consciência e a memória de que fazemos parte da Natureza. Então, florestanear é preciso. Eu florestaneio, tu florestaneias, ela florestaneia, nós florestaneamos para fruirmos a vida, essa experiência maravilhosa da existência, pisando leve, bem leve sobre a Terra numa dança cósmica como nos inspira Ailton Krenak.

CINCO: A TERRA FALA

"Meu nome é Txai Suruí." Foi assim que a jovem indígena do povo Paiter Suruí começou seu discurso na COP26, na Escócia. Era a única brasileira a discursar na abertura oficial, já que não tínhamos um presidente da República.

E ela prosseguiu: "Eu tenho só 24, mas meu povo vive há pelo menos 6 mil anos na floresta Amazônica. Meu pai, o grande cacique Almir Suruí, me ensinou que devemos ouvir as estrelas, a Lua, o vento, os animais e as árvores. Hoje o clima está esquentando, os animais estão desaparecendo, os rios estão morrendo, nossas plantações não florescem como antes. A Terra está falando. Ela nos diz que não temos mais tempo".

As florestas são essenciais para a manutenção da vida na Terra em sua biodiversidade. Abastecem os lençóis freáticos, diminuem a temperatura e transformam gás carbônico em oxigênio. Mas, mantendo esse ritmo de devastação e de emissão de gases de efeito estufa, o século 21 em breve chegará a uma temperatura média global que vai explodir em catástrofes nessa sangria desatada consumista do capitalismo. E aí, nas palavras de Ailton Krenak, os brancos vão perceber que não se come dinheiro. A Mãe-Terra seguirá em regeneração sem nós, filhos desnaturados.

Voltemos à fala de Txai Suruí: "Precisamos tomar outro caminho com mudanças corajosas e globais. Não é 2030 ou 2050, é agora! Os povos indígenas estão na linha de frente da emergência climática, por isso devemos estar no centro das decisões que acontecem aqui. Nós temos ideias para adiar o fim do mundo".

Txai Suruí vai ao ponto. Não podemos ficar apenas nas mãos dos 20 países mais "ricos" e industrializados, responsáveis pela emissão global de 80% dos gases de efeito estufa que aquecem a Terra.

É necessário ampliar o poder de decisões, compreendendo as várias cosmovisões, nações, tecnologias sociais e ambientais que atuam para "adiar o fim do mundo", como propõe Ailton Krenak. Vem dele a provocação de nos misturarmos com a Terra: "Se essa experiência de misturar isso que é você — ou o que você pensa que é você — com a Terra for boa, continue um pouco mais, até a Terra falar com você. Ela fala. E o seu corpo vai escutar. Vamos nessa?"

SEIS: (R)EXISTIR

"Rexistir" é verbo e movimento político. Vem da percepção conceitual traduzida pelo antropólogo Eduardo Viveiros de Castro, que afirma que esse é o modo de existência dos povos indígenas: a "rexistência".

O modo devastador do mundo foi ativado por uma civilização histérica que segue em direção ao abismo, mas que finge não escutar o som ensurdecedor que vem do despenhadeiro. O céu — como diz Davi Kopenawa — vai desabar se insistirmos em destruir a floresta. O mundo — como escreve Ailton Krenak — vai acabar se continuarmos comendo o planeta.

Resta-nos "rexistir", essa condensação de existir e resistir como um só verbo, movimento político capaz de nos dar forças para sustentar o céu e adiar o fim do mundo, como nos propõem Kopenawa e Krenak.

Os povos indígenas e afro-brasileiros sempre estiveram em estado de resistência. A cura para os males do Brasil está no pensamento e ativismo da cosmologia política-filosófica dos povos indígenas e negros. Não há mais alternativa viável que não venha dessas matrizes. Fora delas, estamos perdidos.

"Rexistir" é nadar contra a corrente, pois quem nada a favor da correnteza é peixe morto. "Rexistir" é lutar contra a devastação da natureza e impedir a desertificação das florestas pelo agronegócio, mineração e especulação fundiária. "Rexistir" é lutar contra os dispositivos etnocidas armados nas florestas e nas periferias, para que nossas crianças e nossos jovens possam compor suas histórias com autonomia, liberdade, criatividade e empoderamento. "Rexistir" é ficar atento e forte na defesa da democracia e da liberdade de expressão em tempos sombrios.

Nessa jornada, a Cultura e a educação são "rexistências". A Natureza é "rexistência". A solidariedade é "rexistência". As artes são "rexistências". A amizade e o amor são "rexistências".

Para tal, a ideia de esperança não é suficiente. O sentido da urgência é vital. Emicida nos teatros municipais. AmarElo. É tudo para ontem. Já não agimos somente por esperança. "Rexistir" é um verbo que se faz no presente e na presença. É o instante. "É nóiz por nóiz." Não cabe o Eu. "Rexistir" se conjuga no plural: Nós "rexistimos" porque estamos reinventando não só o mundo, mas os sonhos.

SETE: AQUILOMBAR

"Tempo de nos aquilombar" é um poema de Conceição Evaristo que ela escreveu na virada de 2019 para 2020. Acabou virando movimento político e poético para a gente enfrentar os tempos sombrios do governo Bolsonaro.

É tempo de caminhar em fingido silêncio,
e buscar o momento certo do grito,
aparentar fechar um olho evitando o cisco
e abrir escancaradamente o outro.
É tempo de fazer os ouvidos moucos
para os vazios lero-leros,
e cuidar dos passos assuntando as vias
ir se vigiando atento, que o buraco é fundo.
É tempo de ninguém se soltar de ninguém,
mas olhar fundo na palma aberta
a alma de quem lhe oferece o gesto.
O laçar de mãos não pode ser algema
e sim acertada tática, necessário esquema.
É tempo de formar novos quilombos,
em qualquer lugar que estejamos,
e que venham os dias futuros, salve 2020,
a mística quilombola persiste afirmando:
'a liberdade é uma luta constante'.

O gesto. A tática. O esquema. A mística. O futuro. O poema de Conceição Evaristo traz régua e ginga. Propõe uma jornada, um movimento político. Sugere caminhar num quase silêncio para soltar o grito na hora certa, abrir o olho com visão amplificadora, não se dispersar com lero-leros, cuidar dos passos assuntando os becos e avenidas, ficar atento, combinar a ação, desenhar os traços do esquema com o movimento do corpo em gesto solidário e articulado, sabendo que não há luta sem espírito porque o buraco é fundo e não existem caminhos possíveis sem a mística libertária quilombola.

Enraizado no Movimento Negro, aquilombar tem o mesmo sentido de ninguém solta a mão de ninguém. É verbo que move a luta contra o racismo enlaçado na defesa da democracia, da justiça social, da natureza, da diversidade e da liberdade. O tempo de nos aquilombar é conjugar o presente com o olho no futuro: eu aquilombo, tu aquilombas, nós aquilombamos.

Salve a ancestralidade afro-brasileira porque será ela e a indígena que salvarão o Brasil! Soltemos o grito: nos aquilombemos! Pois, para os tempos que correm, aquilombar é preciso, como viver é preciso.

Saravá, Conceição Evaristo!

OITO: O FUTURO É ANCESTRAL

O futuro é ancestral. A primeira vez que ouvi essa expressão foi numa conversa com o líder indígena Ailton Krenak. Estávamos tratando sobre esse seminário Cultura e Natureza e, lá pelas tantas, ele falou essa frase. Fixei-a como um tema central e de como podemos gerar uma boa conversa sobre a vida e o mundo a partir dessa percepção.

Conversávamos sobre ancestralidade e afirmava para ele algo que tenho pensado: não existe mais saída sem as cosmovisões indígenas e afro-brasileiras. Fora delas, não há futuro ou utopia possível. Falei-lhe também de uma história que a mestra Luiza de Teodoro gostava de contar em suas aulas quando dizia que "há algo de muito antigo nos olhos de um recém-nascido". Noutras palavras, para a gente nascer, vêm antes nossos ancestrais com sua carga genética e cultural que herdamos para o futuro.

Ouvi depois Daniel Munduruku recitando Ailton Krenak: "O Brasil precisa reverenciar os saberes ancestrais para andar para frente. Nosso futuro será ancestral ou não será". Afirmar que o futuro é ancestral é o mesmo que pensar o tempo para além da linearidade e da mera noção de progresso. A dimensão da ancestralidade nos remete a um tempo mais orgânico e encantado, circular e espiral, que chamo de tempos da Natureza na natureza dos tempos. Com ele, sem qualquer hierarquia, aprendemos tanto com um passarinho, uma árvore ou uma pessoa.

Numa conversa recente com a escritora Conceição Evaristo, ela nos alertou que não podemos pensar a ancestralidade apenas na perspectiva do futuro, mas também da certeza do presente. Em suas palavras, "o presente tem que ser certificado e vivido. Precisamos fazer as coisas como afirmação do presente".

Aí tudo alumiou numa bela encruzilhada: se o futuro é ancestral é porque o presente também é ancestral. E aqui estamos falando de uma ancestralidade afro-indígena em que Cultura e Natureza se cruzam em harmonia e se curam em afinação. Lutam em r(e)xistência. Reverenciamos esses saberes ou não teremos força nem sabedoria para seguirmos a jornada nesses tempos tão difíceis.

NOVE: PÔR A CABEÇA À ALTURA DO CORAÇÃO

Sonhar a Terra! Iniciamos nosso seminário numa roda de conversa chamada "Sonhar a Terra", com Ailton Krenak e Sidarta Ribeiro. Na verdade, meu sonho era reunir os dois com o Davi Kopenawa nessa conversa, considerando que essa ideia de "sonhar a Terra" se expressa com muita força nas cosmovisões de Davi, que dialoga com a ideia de "falar com a Terra" do Ailton Krenak, conectando-se diretamente com os estudos neurocientíficos, biológicos e antropológicos de Sidarta. Assim, Davi Kopenawa sonha a Terra, Ailton Krenak conversa a Terra, e Sidarta Ribeiro estuda o papel dos sonhos e dos fenômenos oníricos na consciência humana e em suas funções sociais.

Sidarta fala da arte de sonhar e de como ela vem perdendo sentido criativo e social em nossas vidas. Diz ele: "o sonho é uma fonte de ideias novas e muitos povos diferentes vão buscar nomes, vão buscar canções, vão buscar caminhos, vão buscar estratégias [...] Essa história de não lembrar os sonhos, de não usar os sonhos para nada, é muito recente e está dando bem errado. Porque o sonho tem tudo a ver com a arte, e a arte tem tudo a ver com a busca de soluções criativas para problemas objetivos ou subjetivos". Então, sonhar a Terra, para além das dimensões do equilíbrio físico e psíquico, para além das funções sociais, implica um ato criativo que enlaça o agora com o passado e com o porvir. Nessa jornada, a arte de sonhar implica construir narrativas para sermos inventivos e darmos sentidos à vida. Afinal, como o próprio Sidarta nos afirma na ideia de sonhar como arte, "o sonho é uma fonte de ideias novas".

Mas Ailton Krenak nos lembra que o sonho não é exclusividade dos humanos. Para ele, "sonhar é uma prática, não é uma subjetividade. Não tem nada a ver com isso. Então, mesmo que o tempo que nós estejamos compartilhando seja uma distopia apavorante, não será por isso que a gente vai deixar de sonhar". Recordamos o sentido de que a Terra também nos sonha e de como essa experiência pode ser vital para nossa existência e Dela própria. Pensando ainda com o Ailton Krenak, ele diz que "a Terra, em muitos termos, sonha com essa humanidade, sonha com a nossa existência. Nós sonhamos a Terra. Essa experiência sensível de sonhar a Terra pode ser um dos recursos que, no tempo de distúrbio, de ruptura, nós, como humanidade, como espécie, estamos vivendo e pode nos socorrer diante da incapacidade daquilo que chamamos de Ciência em religar nós, humanos, com o organismo vivo da Terra".

Então, que possamos lembrar, contar, interpretar os sonhos, compreendendo-o como arte, mas também como busca de soluções criativas para problemas objetivos ou subjetivos, como falou Sidarta. Noutras palavras, podemos afirmar que sonhamos para reinventar o mundo real sem perder o encantamento de fruir a vida. E essa fruição passa pela reconexão dessa experiência sensível de sonhar a Terra para que Ela nos sonhe também.

Mas não se sonha a Terra sem os espíritos, o Dela e os nossos. Daí Ailton Krenak, buscando uma palavra dos parentes Maxacali, nos oferece o verbo espiritar: "A gente precisa espiritar a nossa relação com a Terra. Ela não pode ser só cerebral, mental, prática, cheia de razão. Nós vamos declinar dessa ideia de que a cabeça dirige o corpo e pôr a cabeça à altura do coração".

Pronto! Chegamos aonde tínhamos que chegar: pôr a cabeça à altura do coração. E colocar a cabeça nessa altura é encontrar o ponto cardeal. No meio da desorientação e confusão em que nos metemos, esse gesto significa orientação harmoniosa entre o céu e a terra, entre o corpo e o espírito, entre o cérebro e o coração, entre a Cultura e a Natureza.

DEZ: REFAZENDA BRASIL

Gilberto Gil é um griô. Traz consigo uma ancestralidade da natureza dos tempos de antes de seus pais e avós que sentimos na vibração de suas cordas vocais em harmonia com os tambores e Orixás. A música de Gil é candente, está sempre em brasa. Queima-nos com sua lente do amor. A música do Gil é plural. É no mínimo dois, como ele disse certa vez, definindo a Cultura.

Gil é o griô do futuro. Pisa debaixo do barro do chão — o mesmo do baião de Gonzaga — ao tempo que flutua para além do céu. Seus pensamentos coabitam fronteiras entre o humano e o tecnológico, o orgânico e o digital, o corpo e o espírito, enfim. Na verdade ou na fantasia, está sempre projetando sonhos e realidades com suas canções e metáforas. Gil é um navegador. Sua jangada leva uma encarnação, seu saveiro, uma eternidade. Ele é o Griô do futuro.

Desde sempre ouço Gilberto Gil, desde o dia em que minhas irmãs chegaram em casa e colocaram na vitrola o disco Realce. Gilberto Gil é um clássico e, como tal, estamos sempre revisitando sua obra artística. Nesses últimos quatro anos, Gilberto Gil foi minha trilha sonora, minha bússola e minha rosa dos ventos. Em especial com as canções Refazenda, Refestança, Refavela e Refloresta, que têm servido para mim como motes de inspiração e de reflexão sobre os tempos que correm no Brasil e no mundo.

E essas canções foram também a trilha desse nosso seminário. Numa boa coincidência, o forte e belo filme "Pisar suavemente na Terra" de Marcos Colón termina com Refazenda de Gilberto Gil. Enquanto passava os créditos do filme na tela, Ailton Krenak e eu nos levantamos e cantamos com todo corpo e espírito, entre lágrimas e sorrisos, entre dor e esperança, entre sonho e utopia:

Abacateiro, acataremos teu ato, nós também somos do mato como o pato e o leão. Aguardaremos, brincaremos no regato até que nos tragam frutos, teu amor, teu coração. Abacateiro, teu recolhimento é justamente o significado da palavra temporão. Enquanto o tempo não trouxer teu abacate, amanhecerá tomate e anoitecerá mamão. Abacateiro, sabes ao que estou me referindo porque todo tamarindo tem o seu agosto azedo cedo, antes que o janeiro doce, manga venha ser também. Abacateiro, serás meu parceiro solitário nesse itinerário da leveza pelo ar. Abacateiro, saiba que na refazenda tu me ensina a fazer renda que eu te ensino a namorar. Refazendo tudo, refazenda. Refazenda toda, Guariroba.

De pé, batendo palmas na percussão de nossos corpos, cantamos a canção até o fim, sabendo que estávamos ali num exercício possível para adiar o fim do mundo com nossa capacidade de contar histórias, de cantar e dançar, e de fazer chover em um momento histórico de refundação do Brasil com a vitória do presidente Lula.

Então, para ser presidente da República do Brasil, carece de conversar com pessoas e passarinhos, saber de voos, cantos, matas e da alma de sua gente. Para ser presidente, um cadinho de curumim-criança-erê para saber imaginar o futuro com o trabalho e a criatividade de sua gente. Para ser presidente, uma porção de mestre griô para saber das ancestralidades e da diversidade de toda gente. Para ser presidente, um bocado do barro que vem debaixo do chão para saber do cio da terra e do labor de nossa gente. Para ser presidente, um tanto de amor e de bravura para saber das forças da Cultura e da Natureza que atravessam por nossa gente.

A vitória de Lula vale um país e vale uma nação. Vale um país na diversidade de sua geografia humana e ambiental. Vale uma nação no sentido de nascimento e de pertencimento de um povo com seu lugar. Vale gerações: as que já partiram, as de agora e as que ainda vão nascer. Vale um país mais justo e solidário. Vale uma nação mais democrática e soberana.

Como na canção de Marina, vamos abrir os braços para a gente fazer um país. Reconstruir os ecossistemas econômicos, sociais, culturais e ambientais para o país crescer com sustentabilidade. Redemocratizar as instâncias de poder e de participação social para reestabelecer o estado democrático de direito. Refundar — numa arqueologia profunda de valores — a diversidade étnica, cultural, religiosa, territorial e de espécies para reinstituir o bom convívio social. Regenerar a vida em sociedade para sarar as feridas sociais, renovar as relações e dar nova existência num convívio harmonioso entre humanidade e natureza.

Nessa jornada, um trabalho árduo e amoroso com a cidadania, o imaginário e a formação cultural do povo brasileiro, compreende Cultura e Natureza como dimensões vitais. Afinal, precisamos reinventar o Brasil. Cultivar o seu renascimento e fazer brotar o reflorescimento de suas matas e de suas gentes com a refundação do país. Como trilha sonora, ouçamos as canções Refazenda, Resfestança, Refavela e Refloresta de Gilberto Gil. E ampliemos a trilha porque a jornada é longa!

O BRASIL VAI RAIAR

O dia vai raiar
E a tristeza não estará mais aqui
No planalto central
O Brasil vai reluzir
O Céu de Brasília cantar
Gosto dela tanto assim
Um samba vamos entoar
Pra ecoar em Quixeramobim.

O Brasil, vamos refundar
Refestança, refavela
O Brasil, vamos regenerar
Refazenda, refloresta.

A tarde vai corar
E a alegria irá transcender
Diversidade cultural
O Brasil vai renascer
O futuro é ancestral
A beleza vai florescer
Um toré vamos dançar
Que a terra vai tremer.

O Brasil, vamos refundar
Refestança, refavela
O Brasil, vamos regenerar
Refazenda, refloresta.

A noite vai chegar
E o luar do sertão vai subir

Escuridão vai se iluminar
O Brasil vai ressurgir
Um baião de Gonzaga pisar
Construir a casa com jardim
Agora já dá pra casar
No terreiro de Ossain.

O Brasil, vamos refundar
Refestança, refavela
O Brasil, vamos regenerar
Refazenda, refloresta.

---

*Refazenda, Refavela, Resfestança e Refloresta são nomes de canções e álbuns

**https://www.youtube.com/watch?v=t1eJEk8t4yg&list=RDMMt1eJEk8t4yg&start_radio=1

[1] Ver: https://revista.fct.unesp.br/index.php/nera/article/download/6451/5265/25877.

DANÇA CÓSMICA PARA ADIAR O FIM DO MUNDO

De Ailton Krenak – com cantiga e tessitura poética de Fabiano Piúba

Uma constelação de gente
Que ainda é capaz de cantar
Bela, livre e resistente
Que ainda é capaz de dançar.

E de fazer chover
Fazer chover
E de contar histórias (2x)

Para adiar o fim do mundo
Sonhar a Terra em profundo
Para o céu não desabar.

Para adiar o fim do mundo
Sonhar a Terra em profundo
Para o céu não desabar. (2x)

Vamos andar leve
Vamos pisar bem leve

Vamos andar leve
(Sobre a Terra-Mãe)
Vamos dançar bem leve
(A vida é fruição)
Vamos dançar leve
(Nessa cosmovisão).

Água de mani
O maniva çericê
Água de mani
O maniva çericê
O txamidê, O txamidê.

OUÇA
Aponte a câmera do smartphone para ler o código QR

MINIBIOGRAFIAS DOS AUTORES

Ailton Krenak

Ativista do movimento socioambiental e de defesa dos direitos indígenas, organizou a Aliança dos Povos da Floresta, que reúne comunidades ribeirinhas e indígenas na Amazônia. É um pensador, ambientalista, filósofo, poeta e escritor brasileiro da etnia indígena Krenak. É também professor Honoris Causa pela Universidade Federal de Juiz de Fora (UFJF) e pela Universidade de Brasília (UnB). Seus livros "Ideias para adiar o fim do mundo" e "A vida não é útil", ambos lançados pela Companhia das Letras, foram publicados em mais de dez países. É comendador da Ordem de Mérito Cultural da Presidência da República.

Fabiano Piúba

Então Secretário da Cultura do Estado do Ceará. Em 2025, Secretário de Formação, Livro e Leitura do Ministério da Cultura (MinC). Doutor em Educação pela Universidade Federal do Ceará (UFC), mestre em História pela PUC/SP e historiador graduado pela UFC, foi Diretor de Livro, Leitura, Literatura e Bibliotecas do Ministério da Cultura (MinC) entre 2009 e 2011 e no ano de 2014.

No Ministério da Cultura também assumiu a função de Secretário Substituto da Secretaria de Articulação Institucional entre 2008 a 2010 e de Coordenador de Articulação Federativa do Programa Mais Cultura no ano de 2008. No Centro Regional para o Fomento do Livro na América Latina e Caribe (CERLALC/UNESCO), organismo internacional ibero-americano e intergovernamental, assumiu no período de 2012 a 2013 a Direção de

Leitura, Escrita e Bibliotecas. Foi Coordenador de Políticas de Livros e Acervos da Secretaria da Cultura do Estado do Ceará entre 2005 e 2006, ocasião em que concebeu o projeto Agentes de Leitura e coordenou a Bienal Internacional do Livro do Ceará.

Fábio Scarano

Engenheiro Florestal, Ph.D. em Ecologia e Professor da UFRJ, onde é titular da Cátedra Unesco de Alfabetização em Futuros, em parceria com o Museu do Amanhã e o Instituto de Desenvolvimento e Gestão. Atuou nos painéis da ONU para o clima (IPCC) e biodiversidade (IPBES) e foi dirigente no Jardim Botânico do Rio, na Conservação Internacional e na Fundação Brasileira para o Desenvolvimento Sustentável. Recebeu dois Prêmios Jabuti de Literatura na área de Ciências Naturais. Seu livro mais recente é Regenerantes de Gaia (2019).

Mateus Tremembé

Liderança indígena do povo Tremembé da Barra do Mundaú, do município de Itapipoca é Artista plástico, artesão, educador popular, pesquisador da cultura alimentar Tremembé, puxador do ritual sagrado Torém, agricultor familiar, produtor cultural da Festa de Iemanjá, Festa do Murici e Batiputá e da Culminância do Alimento Ancestral, coordenador de cultura do Ponto de Cultura Recanto dos Encantados, coordenador técnico do Projeto Cultura de Alimentar a Aldeia na TI Tremembé e estudante de agronomia na Universidade da Integração Internacional e da Lusofonia AfroBrasileira-UNILAB.

Marcos Colón

É doutor em Estudos Culturais pela University of Wisconsin-Madison em 2019 e atualmente leciona na Universidade Estadual do Arizona, nos Estados Unidos, onde reside. É filho de mãe brasileira (piauiense) e pai norte-americano. Produziu e dirigiu o longa documental Beyond Fordlândia: An Environmental Account of Henry Ford's Adventure in the Amazon (2018) e concentra sua pesquisa nos estudos sobre representações da Amazônia na literatura e no cinema brasileiros nos séculos XX e XXI. É criador e editor da Amazônia Latitude, revista digital sobre meio ambiente. Atualmente trabalha em um livro baseado em experiências filmando a região. Pisar Suavemente na Terra (2022) é seu segundo longa.

Marina Araújo

Mulher preta, cozinheira e defensora da cozinha ancestral e decolonial. Atualmente dirigindo o Mercado AlimentaCe, equipamento ligado à SECULT e gerido em parceria com o Instituto Mirante.

Nurit Bensusan

Ex-humana, diante dos descalabros da nossa espécie, desistiu da humanidade, mas continua bióloga. Enquanto isso, reflete sobre paisagens e culturas, formas de estar no mundo e as inspirações da Natureza. Além disso, escreve livros, faz jogos e aposta sua vida em usar a imaginação como alavanca para suspender o céu.

Ronaldo de Queiroz Lima

Antropólogo interessado em Etnologia dos Povos Indígenas no litoral brasileiro.

Leonardo Soares Rodrigues

Natural de Juazeiro do Norte, de família cearense, tem a vida transpassada entre a cultura do Cariri e a da cidade de Dom Pedro, no interior do Maranhão. Fundador do Grupo Espírita Casa da Sopa,ONG de inspiração Espírita, atua nos contextos de exclusão e de vulnerabilidade de pessoas em situação de rua. É autodidata em estudos e pesquisas com rezadeiras e sua relação com a mediunidade em tradições Espíritas, Africanas e Ameríndias.

Sandra Petit

Caribenha (mãe cubana e pai haitiano), mãe de Kanyin (quem traz a benção), Doutora em Ciências da Educação pela Paris VIII, é Professora da FACED-UFC, é Coordenadora do NACE (Núcleo das Africanidades Cearenses). Com trajetória em Sociopoética e Educação Popular, se dedica há 20 anos a Educação para as Relações Étnico-raciais(ERER). Tem como subáreas de estudo e atuação: Africanidades, Cosmopercepções africanas, Oralidade Africana, Pedagogias Afrorreferenciadas (Pretagogia), Corpo-Dança Afroancestral, Corpo-Memória e Senso Afrocomunitário. Autora do livro "Pretagogia: Pertencimento, Corpo-Dança Afroancestral e Tradição Oral Africana na Formação de Professoras e Professores" (EDUECE, 2015 e NANDYALA, 2019) e do infanto-juvenil "A extraordinária história do semeador de baobás" ilustrado por Maria Kellynia Faria Alves (Expressão Gráfica, 2017).

Valéria Carvalho e Verônica Carvalho

Afrografia de uma trajetória do protagonismo do povo negro no Cariri Cearense. Seu corpo é o seu protagonismo, falam e se apresentam como Valéria Gercina das Neves Carvalho e Verônica Neuma das Neves Carvalho, mulheres negras, sexagenárias, irmãs gêmeas, filhas de seu Luiz Cocão e dona Gilbertina das Neves Carvalho, ambos cuidadores de gente. As suas ações são grafadas continuamente no seu modo de ser – falam das tessituras a tela negra do Cariri cearense, do Terreiro das Pretas, onde moram, do Grupo de Valorização Negra do Cariri (GRUNEC), das mulheres do coco das batateiras, do terreiro de Mãe Maria, nas renovações, dos reisados, maracatus, dos ferreiros, das comunidade quilombolas, das performances dos Mestres João do Crato, mestre Cirilo, das práticas de saúde popular do Seu Luiz Cocão, seu amado pai, e das Meizinheiras, Benzedeiras, Parteiras.

Realização do seminário "Desnaturada"

Apresentação:
GOVERNO DO ESTADO DO CEARÁ

Maria Izolda Cela de Arruda Coelho
Governadora do Estado do Ceará

Fabiano dos Santos Piúba
Secretário da Cultura do Ceará

Valéria Márcia Pinto Cordeiro
Secretária Executiva da Cultura do Ceará

Mariana Braga Teixeira
Secretária Executiva de Planejamento e Gestão Interna da Cultura do Ceará

Gestão:

INSTITUTO DRAGÃO DO MAR
Rachel Gadelha
Diretora-presidenta

Adriana Victorino
Diretora de Planejamento e Gestão

Elisabete Jaguaribe
Diretora de Formação

Lenildo Gomes
Diretor de Articulação Institucional

CENTRO DRAGÃO DO MAR DE ARTE E CULTURA

Natasha Faria
Superintendente

Ana Paula Medeiros
Gestora Administrativa e Financeira

Jean Nascimento
Assessor de Produção

Organização
Fabiano Piúba
Ailton Krenak

Supervisão
Ivna Girão

Textos de
Ailton Krenak
Fabiano Piúba
Fábio Scarano
Fernando França
Mateus Tremembé
Marcos Colón
Marina Araújo
Nurit Bensusan
Ronaldo de Queiroz Lima e
Leonardo Soares Rodrigues
Sandra Petit
Valéria Carvalho e
Verônica Carvalho

Transcrição
Ariane de Queiroz Sousa
Ronaldo de Queiroz Lima

Preparação de textos
Ronaldo de Queiroz Lima

Revisão
Ariane de Queiroz Sousa

Grafismos
Rodrigo Tremembé

Projeto Gráfico,
Diagramação e Ilustrações
Carlos Weiber

Produção
Nádia Sousa

REALIZAÇÃO

INSTITUTO DRAGÃO DO MAR
DRAGÃO DO MAR CENTRO DE ARTE E CULTURA
CEARÁ GOVERNO DO ESTADO SECRETARIA DA CULTURA

Este livro foi composto em fonte Garamond
e impresso sobre papel Pólen Bold 70g
na Margraf, em abril de 2025.